街路樹が都市をつくる

東京五輪マラソンコースを歩いて

藤井英二郎

岩波書店

定禅寺通り（宮城県仙台市）のケヤキ街路樹

1935 年

行幸通り
（東京都中央区・イチョウ）

2016 年

1931 年

表参道
（東京都港区・ケヤキ）

2009 年

千葉県松戸市のクスノキ街路樹　2005 年 8 月 11 日

紀の坂通り（東京都新宿区）のプラタナスの夏期剪定　昭和初期

日本的剪定の特徴

2005 年 7 月 17 日

ローマ　コロッセオ前のプラタナス街路樹　2005 年 4 月

日本大通り(神奈川県横浜市)

代表的な街路樹① イチョウ

強剪定された街路樹

根上がり

新宿御苑　福羽逸人が植え育てたプラタナス

代表的な街路樹② プラタナス

強剪定された街路樹

落ち葉を減らすための夏期剪定後

強剪定された埼玉県大宮市の街路樹

代表的な街路樹③ ケヤキ

金属製支柱と地下支柱で縛られている

根張り部分の切断

江戸桜通り（東京都中央区）

代表的な街路樹④ サクラ

埋設管工事で破断した根

太枝の剪定跡

カフェテラスのある街路樹（神奈川県横浜市）

季節の街路樹と人

日本大通りを走る自転車（神奈川県横浜市）

落ち葉拾いをするボランティア（神奈川県横浜市）

雪景色の桜並木（神奈川県小田原市）

出典：東京オリンピック・パラリンピック競技大会組織委員会 HP

東京 2020 オリンピック
0
1 km
5km
外堀通り
飯田橋
靖国通り
防衛省
富久町西
交差点
新宿
市ヶ谷
外苑西通り
40km
千駄ヶ谷
明治神宮外苑
新国立競技場
(スタート/ゴール地点)
渋谷
東京タワー

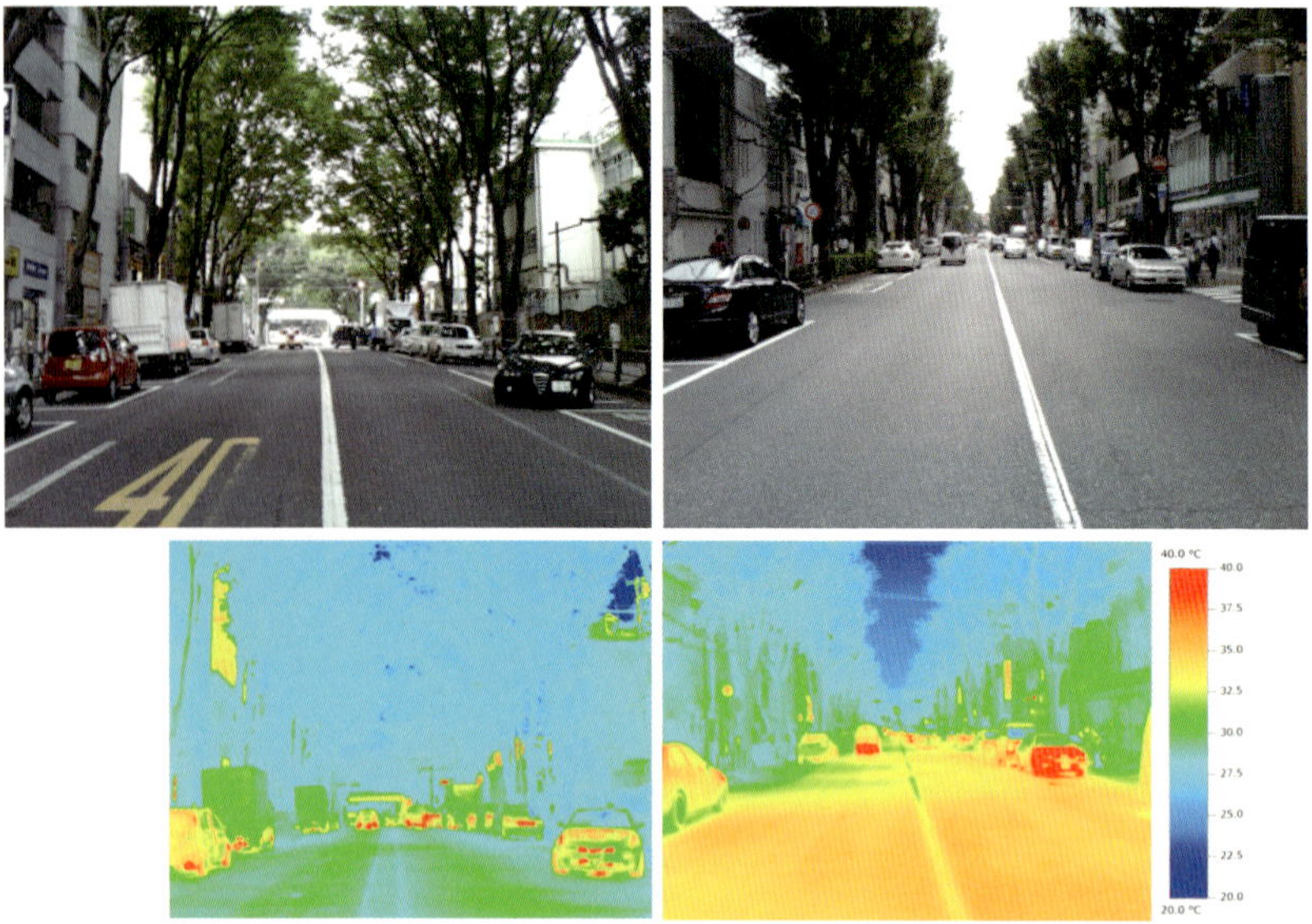

（左）樹冠大　（右）樹冠小
出典：都市防災美化協会（2014）『緑の防災ネットワークと都市美化のための街路樹のあり方』

ケヤキ街路樹の緑陰効果

横浜マラソン（2009 年 11 月）

はじめに

あなたが暮らす街には、どんな木が植わっていますか。日々、通りを歩くなかで、木の表情を見てみたことがありますか？

本書のテーマである街路樹は、しばしば、都市に品格を与えるとか、都市を印象づける存在であるというふうにいわれます。

ここで有名な街路樹を挙げてみると、東京・明治神宮表参道のケヤキや神宮外苑のイチョウ、札幌・大通公園のハルニレやケヤキ、イタヤカエデなど、仙台・定禅寺通りのケヤキ、名古屋・久屋大通のクスノキとケヤキ、大阪・御堂筋のイチョウなどがあります。実際に、立派な街路樹のある通りで、大きく枝を伸ばした木々の下を歩いたことのある人もいるでしょう。しかし、他方で、電柱と見紛うばかりに手ひどく切られた街路樹を見かけることもあるかもしれません。街路樹が強く切り詰められると、都市の表情は一変し、殺伐とした雰囲気になってしまうこともあります。残念ながら、近年の日本では電柱のような街路樹が増えてきています。

一九二三年の関東大震災では、燃え広がる炎を樹木が遮って、多くの人々の命が救われました。そこで震災復興事業では東京市の行幸通り(口絵「街路樹いま・むかし」参照)や八重洲通り(一四頁I−6上参照)、昭和通りの四列並木をはじめ、交差点広場、交通島、橋詰広場に多くの樹木が植えられ、気品すら感じられる、成熟都市が形成されつつありました。さらに第二次世界大戦後には、札幌や仙台、名古屋、広島など甚大な被害を受けた多くの都市で、防災にも配慮した広い緑地帯のある大通りが整備されています。このように、震災や戦災を通して街路樹の防災機能が改めて理解されてきたのです。灰燼《かいじん》に帰した街中で、木々が芽を吹き枝葉を伸ばしていく様子は、人々が元気を取り戻すきっかけともなったでしょう。

また、例に挙げた表参道のケヤキ(口絵「街路樹いま・むかし」参照)のように、街路樹の枝葉が道路を覆うように広がっていれば、真夏でも涼しく歩けます。太い枝が幹の近くで切られてしまった街路樹では、車道側はもちろん、歩道側でも直射日光にさらされ、暑くてとても歩けません。

近年、海外から日本を訪れる人が急増しています。多くの旅行者が求めるのは、日本独特の美しい風景や、きめ細やかな心遣いでしょう。緑陰がなく、強い日差しからの逃げ場もない街では、「おもてなし」になりません。周りを海に囲まれた日本の夏の温度は、アジア諸国の中では必ずしも高くないのですが、湿度が高いため、暑さは熱帯以上といわれます。日本の都市には街路樹の木陰がどうしても必要なのです。

二〇二〇年の夏、東京でオリンピック(七月下旬～八月九日)、パラリンピック(八月二五日～九月六日)が開催されます。ビルが建ち並んだ東京ではコンクリートに熱がたまり、夜間温度もなかなか下がりません。日中の強い日差しの下では、路面温度が五〇度を超えます。早朝のスタートになったとはいえ、夏空が広がるなかでマラソンランナーはレースに挑むわけです。沿道で応援する方々も炎天下に立ち続けることになります。

暑さ対策として、霧吹き装置や遮熱性舗装も考えられていますが、直射日光を遮ることが最も有効である以上、街路樹が果たし得る役割は非常に大きいと思います。木陰によって、路面温度は二〇度も下がります。いまある街路樹をさらに育んで、樹木の枝葉を広げていけばよいのです。

木とは背が高いものである、街の木はもう十分大きいではないか、何となくそう思っておられる方もいるかもしれません。しかし、これからご説明するように、海外では、たとえばビルの何階分もの高さにまで枝が伸びていたり、建物より背が高かったりする街路樹が少なくありません。日頃見慣れている木の姿を前提にするのではなく、「もし、もっと木が枝を伸ばしていたら……」「実は、緑の日傘はもっと大きくなるのではないか」——本書を通して、そうした様々な可能性に気づいていただけたら、と願っています。

この本は、四つの章で構成されています。

Ⅰ章「街路樹と日本人」では、街路樹の歴史や、欧米・中国・韓国などとの比較を通して、日本の街路樹の特徴と近年の傾向をみます。また、街路樹は、単に「緑」としてあるだけでなく、多くの機能を担っています。緑陰のように多くの方々が実感できているものだけでなく、無意識のうちに恩恵を受けていることも多いのです。そこで、本章で街路樹の多面的な機能についても確認します。Ⅱ章「都市の緑はいま」では、ふだん人々の意識にのぼることの少ない街路樹の手入れが、誰によって、どのように行なわれているのか、それが管理者や地域によってどう異なるか、様々な地域の事例をもとに追っていきます。Ⅲ章「枝を見る　木を知る」では、街路樹の「自然な姿」と「剪定《せんてい》された姿」を見分けるポイントや、街路樹の幹や枝の伸び方、根元の様子からどのようなことが読み取れるか、具体的に説明します。

そして、これらⅠ〜Ⅲ章を踏まえて、Ⅳ章「東京五輪マラソンコースを歩く」では、二〇二〇年八月に開催される東京オリンピックのマラソンコースを素材として、街路樹が抱えている課題を考えます。都道と国道で進められている、暑さ対策のための「樹冠拡大計画」も検証しながら、この五輪開催を契機に、どうしたら時代にふさわしい形で、街路樹を大きく育む新たなシステムをつくっていくことができるか、探ってみたいと思います。

目次

第1章 街路樹と日本人

プラタナスの剪定（1926 年）

1　街路樹とは？

約六七〇万本が日本に

日本の街路樹ですぐに思い浮かぶのは、どんな木でしょうか。花見を楽しむサクラでしょうか（Ⅰ-1）。それとも近年増えているハナミズキでしょうか。全国の街路樹の高木本数約六七〇万本のうち最も多いのがイチョウ、サクラ類、ケヤキでいずれも五〇万本前後です。街路樹としてよくイメージされるのはこれらの高木だと思いますが、道路沿いに植わっている街路樹には、サザンカやイヌツゲのような中木、ツツジ類やシャリンバイのような低木も含まれます。

道路を歩くと、住宅の生垣や庭木、あるいは高層ビルの敷地で道路寄りに植わっている樹木も見かけます。通行する人々に潤いや季節感をもたらしてくれますが、これらは厳密にいえば、本書で扱う「街路樹」ではありません。街路樹は、道路敷地内の、公共用地に植栽された樹木で、公共財産です。

道路敷地内に植えられている街路樹と、道路に隣接する林の樹木や住宅の庭木を比較してみると、街路樹の特徴がよくわかります。敷地の境界にあるものは別としても、林の木や庭木では、たとえ

I-1　サクラ(ソメイヨシノ)街路樹

近くを人が歩いてぶつかるような枝があっても切らなければならないわけではありません。しかし、街路樹では歩道を歩く人、車道を通る車に支障となる枝があると事故になってしまいますから、通行を妨げる枝は切らなければなりません。また、林の木はほとんどの場合、自由に枝が伸ばせます。街路樹は原則、歩車道あわせた道路敷地から外側に枝を伸ばすことはできません(六三頁II-6参照)。さらに、街路樹の近くには信号機や電線などもあります。

林や庭では土の地面が広がっていますが、すぐ近くを人や車が通る街路樹の場合、地面が露出しているのは植栽地が帯状の「植樹帯」や単独の「植えます」と呼ばれる範囲に限られます。当たり前と思われるかもしれません。しかし、土が露出しているか、舗装されているかは樹木にとって大きな違いです。雨が浸透しやすいだけでなく、土の中にはミミズやダンゴムシなど多くの土壌動物をはじめ、無数の微生物が生息しています。舗装はそうした生物のすみかに蓋《ふた》をしていることになります。

さらに、通常、林や庭の木では根が構造物にぶつかるようなことはあまりありませんが、特に都市内の街路樹では、根が伸びる場所に水道管やガス管などが埋設されています。樹木の根を見たことがないという人も多いと思います。幹元から伸びた太い根は、無数に分岐を繰り返し、先端に直径二㎜未満の細い根がたくさんついています。その細い根に、目に見えないくらいさらに細い根毛《こんもう》がついていて、養水分を吸収しているわけです。水道管・ガス管などは根にとって物理的な壁にな

ります し、管の埋《い》け替え工事では重機で根が破断されます。
このように街路樹は、林や庭の木とは大きく異なる環境に植えられています。しかし、だからといって、窮屈な場所で、小さいながらも枝を伸ばしておけばよいというものでしょうか。これからじっくり述べていきますが、本書は、近代的な都市の生活を支える街路樹をどうすればもっと豊かに、のびのびと育ててゆけるかを考えるなかで生まれました。

2　日本の街路樹の歴史

街路樹の始まりは——近代国家の設《しつら》え

ここで日本における街路樹の歴史をたどってみましょう。日本の街路樹は既に古代には見られますが(1)、今日ある都市の街路樹のなりたちは、明治時代までさかのぼることができます。

日本で近代的な街路樹が最初に植えられたのは、一八六七(慶応三)年、横浜の馬車道《ばしゃみち》とされます。江戸幕府が欧米列強の開港圧力を受けて設置した外国人居留地で、通りに面する商家の日本人が競ってヤナギやマツを植えたそうです。

I-2(七頁)を見ると、洋館と和館が混在する土舗装の通りに人力車が走り、洋傘をさした着物姿の女性がシダレヤナギの木陰を歩いています。マツは見られず、左手前に二本のアオギリが二mほどの間隔で植わっています。街路樹は車道と歩道の境に植わっているようですが、樹種も植栽間隔も決まりがなく、個々の商店が思い思いに植えた様子がうかがえます。商家の日本人が街路樹を植えた理由は明らかではありませんが、おそらく顧客の外国人からの情報をきっかけに、文明開化のシンボルとして次々に広がったのだろうと思います。

東京の街路樹は、一八七三(明治六)年、銀座通りにクロマツとサクラが明治政府によって植栽されたことに始まるとされます。

I-3は、三代歌川広重の錦絵です。洋館が建ち並んだ通りの車道と歩道の境にマツとサクラが交互に植わっている様子も描かれています。歩道には洋服と和服を着た人が混じり、車道には馬車鉄道や人力車が走っています。銀座通りのマツやサクラは生育がよくなかったようで、一八八〇年にはシダレヤナギに植え替えられ、ヤマカエデ(ヤマモミジか?)も混植されたとされます。(2) マツやサクラの生育が悪かったのは、地下水位が高いため浅く広がった根を人や人力車が踏み固めていたことや、埃《ほこり》が葉に付着して呼吸を妨げていたことなどが考えられます。いずれにしても当初は、洋風建築が建ち並んだ通りに日本的な街路樹が植栽されていたことがわかります。

明治政府は、人の歩く道として整備されてきた道路に上下水道を埋設します。人力車や馬車鉄道の通る街路整備も急がれていたのですが、なかなか進みませんでした。

I–2　日本最初の近代街路樹（横浜馬車道，1867 年）

I–3　東京名所図絵　銀座通
（1885 年）

一八八四年、まず当時の東京府知事・芳川顕正《よしかわあきまさ》は内務卿の山縣有朋《やまがたありとも》に今日の都市計画に相当する「東京市区改正」に関する意見書を提出します。一八八八年三月になると、政府により東京市区改正条例案が元老院へ提出されますが、軍備増強が急務として否決されてしまいました。内務大臣の山縣と大蔵大臣であった松方正義《まつかたまさよし》はこれに反論して閣議を求め、同年八月条例が公布されました。その後、東京市区改正委員会での二八回もの会議を経て翌一八八九年、改正案は決定されたものの、財源が確保できず、「市区改正設計」が最終決定されたのは一九〇三年のことです(3)。首都東京の都市計画全体がこのような状態でしたので、街路樹の本格的検討が始まったのは、一九〇六年になってからでした。

ウィーン万博から持ち帰ったニセアカシアの種子

近年の日本の街路樹に多いプラタナスとユリノキは欧米から、トウカエデは中国から、イチョウは中国あるいは朝鮮半島からの外来種です。欧米渡来樹種の街路樹が最初に植えられたのは一八七五年、東京の八代洲河岸《やよすかし》堀端に植栽されたニセアカシアとされます。近代農学の祖と称される津田仙《せん》が、一八七三年にウィーン万国博覧会に行った時に種子を持ち帰って育てたとのことです。内堀通りの大手門の向かい側近くにはニセアカシア街路樹の記念碑が建っています。

津田仙は、幕末の開明的な老中であった佐倉藩主・堀田正睦《まさよし》の命を受けて洋学を学び、一八六七年、幕府が購入した軍艦の引取交渉の通訳として、福沢諭吉らとともにアメリカに派遣されました。帰国後は後に日本赤十字社の創設者となる佐野常民《つねたみ》の書記官としてウィーン万博にも派遣されました。

津田仙は一八七六年には、欧米で得た農学情報をもとに、東京麻布に農産物の栽培・輸入・販売や関連書籍の出版と、農学教育を行なう「学農社」を設立します。次節でとりあげる福羽逸人《ふくばはやと》はこの学農社で学んでから、新宿御苑の整備を進めました。福羽は、多くの弟子を育て、「近代園芸学の礎《いしずえ》」をつくったとされます。また、津田の娘・梅子が、一九〇〇年に女子英学塾(後の津田塾大学)を設立したことは広く知られています。

イチョウやプラタナスはいつから植えられたのか?

先に触れたように、一九〇六年、東京市はようやく重要な一歩を踏み出します。街路樹改良について、農商務省林業試験所長の白澤保美《しらさわやすみ》と宮内省内苑局長の福羽逸人に調査研究を依頼し、翌年、両氏から東京市長の尾崎行雄《ゆきお》に対して「東京市行路樹改良按」が提出されました。

市区改正による道路整備に向けて計画的な街路樹育成が必要でしたので、一九〇七年からプラタナス一万五〇〇〇本、ユリノキ一万本、ポプラ類五〇〇〇本、イチョウ五〇〇〇本、他にトウカエデ・トチノキ・エンジュ・アオギリ・ボダイジュなど一万五〇〇〇本、計五万本の苗を育成し、一九一二年から五年間で植付ける、としています。[4]

今日の東京の街路樹を代表するイチョウやプラタナスなどの植栽はこの時期に始まったわけです。福羽が一九一六―一七(大正五―六)年に書いたとされる回顧録[5]では、行路樹(街路樹の当時の呼び方)の目的を「蔭蔽」「市街の壮観」「市街の空気を新鮮」にすることとして、「極めて必要の施設」としています。日本では昔から街道に並木が植えられてきたけれども、マツなどに樹種が限られており、機能・効用の観点から樹種が選定できていないとの指摘もみられます。

さらに福羽によれば、最も理想的な街路樹はユリノキとトウカエデだけである、ただし、トウカエデについては葉が小さいのが少々欠点とのことです。これら二種に比べて、プラタナスは成長が早く葉も「潤大壮麗」でよいが、虫食いや葉裏の毛、実が熟したときの綿毛が飛散するのが欠点としています。イチョウも虫害が少なく、「枝葉壮観」でよい。しかし、雌木《めぎ》のギンナンが問題で、街路樹として植栽する幼木段階での雌雄識別が難しいことと、成長が遅いことを欠点としています。最も理想的な街路樹としてユリノキとトウカエデが挙げられたのは、おそらく右の樹種のような欠点がなく、剪定後の萌芽がよいためではないかと思います。

一九一九年には、初めて道路法が公布されます。市街地と、地方の道路を明確に分け、「道路構造令」と「街路構造令」が制定されました。道路は交通機能が中心ですが、街路は交通機能のほかに電線や上下水道などの公共インフラの配置場所、さらには市街地の空地として都市の衛生保安上きわめて重要な使命を果たしているとされ、道路と街路を区別しています。そして、街路は車両が通る車道と人が歩く歩道を区別し、状況に応じて遊歩道を設けて並木を植え、歩道には交通上の支障がない場合に「並木」を植えることとされています。さらに、交差点広場や街路の状況に応じて遊歩道・歩道での植樹帯、樹苑、花苑、芝生などの設置が指示されていました。(6)

震災でわかった街路樹の機能と震災復興事業

明治末からの「行路樹改良」計画は徐々に形になり、一九二三(大正一二)年、東京市には一二種二万五一五三本の街路樹が整然と植栽され、各通りが特色ある景観美を誇っていたそうです。(7) ところが、同年九月一日一一時五八分、神奈川県西部から小田原、鎌倉、横須賀、横浜、千葉県館山に及ぶ断層を震源とする大地震が発生し、多くの建物が倒壊して、各地で発生した火災が折からの風に煽られて延焼し、一〇万人以上の方が亡くなりました。街路樹も東京市では一万四八九一本(五九・二%)が焼失し、約一万本にまで減ってしまいました。(8)

しかし、ここである事実が浮かび上がります。緑の多い公園では、多くの人が火炎・熱風から免《まぬか》れて助かったのです。特に広い面積で樹木が多かった上野公園や宮城前広場(皇居前広場)などではそれぞれ約五〇万人、約三〇万人の避難者が助かりました。しかし、面積が小さく樹木が少ない墨田区・本所《ほんじょ》の陸軍被服廠跡《ひふくしょうあと》では三万八〇〇〇人にも及ぶ方が亡くなってしまいました。跡地には納骨堂や慰霊堂が建てられ、都立横網町公園になっています。

樹木の効果の大きさは、四haの深川岩崎邸（現・清澄《きよすみ》庭園）では二万人あまりの方が助かったのに、樹木が少なかった三・三haの小梅徳川邸（現・隅田公園）では数百人の方が亡くなってしまったことでも明らかです（**Ⅰ-4**）。延焼が止まった要因を調べてみますと、崖および広場が三〇％で最も高く、風向き約一七％、バケツなどの消火活動が一五・五％と続き、樹木が約一二％となっています（**Ⅰ-5**）。樹木による焼け止まりは後の阪神淡路大震災でも確認され、さらに倒壊する建物を支える役割も注目されました[9]。

関東大震災での震災復興事業では、この緑の焼け止まり効果を踏まえて、しっかりとした街路整備が進められました。復興事業では、四列並木の行幸《ぎょうこう》道路、昭和通り、八重洲《やえす》通りをはじめ、隅田公園の中核となった公園道路や、交差点広場など、多くの道路緑地が整備されました[10][11]。**Ⅰ-6上**（一四頁）は、震災復興事業で整備された東京駅前八重洲通りの四列のイチョウ並木です。支柱が架かっていることから、植栽されて数年の状況かと思います。**同下**の写真は現在の状況で、内側二列の並木が車線になって外側二列だけになっています。**Ⅰ-7**は、同じく復興事業で整備された橋詰広場で、橋の左手前の広場にヒマラヤスギが美しく植栽されていたことがわかります。ヒマラヤスギの樹高が橋に向かって低くなるように植栽され、視線を右手に誘導しながら遠近感を強調する景観設計がなされていました。

I–4　関東大震災時の避難地と樹木の効果

火に囲まれても樹木が多く安全だった場所(**避難者数**)		樹木があっても小面積であったため，あるいは樹木がほとんどなく，多くの人が焼死した場所(**死者数**)	
上野公園(83.4 ha)	**50 万人**	本所被服廠跡(4.0 ha)	**3 万 8 千人余**
芝公園(48.2 ha)	**5 万人**	小梅徳川邸(3.3 ha)	**数百人**
浅草公園(31.7 ha)	**7 万人**	坂本公園(0.6 ha)	**40 人**
宮城前広場(25.5 ha)	**30 万人**	両国橋側公園(0.2 ha)	**多数**
日比谷公園(18.1 ha)	**多数**	数寄屋小公園(0.1 ha)	**多数**
深川岩崎邸(4.0 ha)	**2 万人余**		
湯島公園(1.2 ha)	**多数**		

出典：岩河信文(1984)「都市における樹木の防火機能に関する研究」『造園雑誌』48(1)，26–31 頁，および東京消防庁消防研究所(1985)「水幕と樹木の併用による延焼防止向上効果に関する研究報告書」『消防研究所技術資料』15 号を一部改変．

I–5　関東大震災時の火災の焼け止まり要因(%)

崖および広場	30.0
風向と平行	16.8
バケツ他	15.5
樹木	12.2
消防隊	10.6
風土	7.8
海および大河	4.2
破壊消防	2.8
耐火壁および耐火建築物	0.8
瓦線および土壌	0.1

出典：東京消防庁消防研究所(1985)「水幕と樹木の併用による延焼防止向上効果に関する研究報告書」『消防研究所技術資料』15 号を一部改変．

I–6　八重洲通り　(上)震災復興時の４列並木　(下)現在の２列並木

I–7　橋詰広場のヒマラヤスギ(昭和初期)

I–8　隅田公園・本所側(震災復興前)

I–9　隅田公園・本所側(復興整備完成時，1931年)

I–10　隅田公園・本所側(1940年)

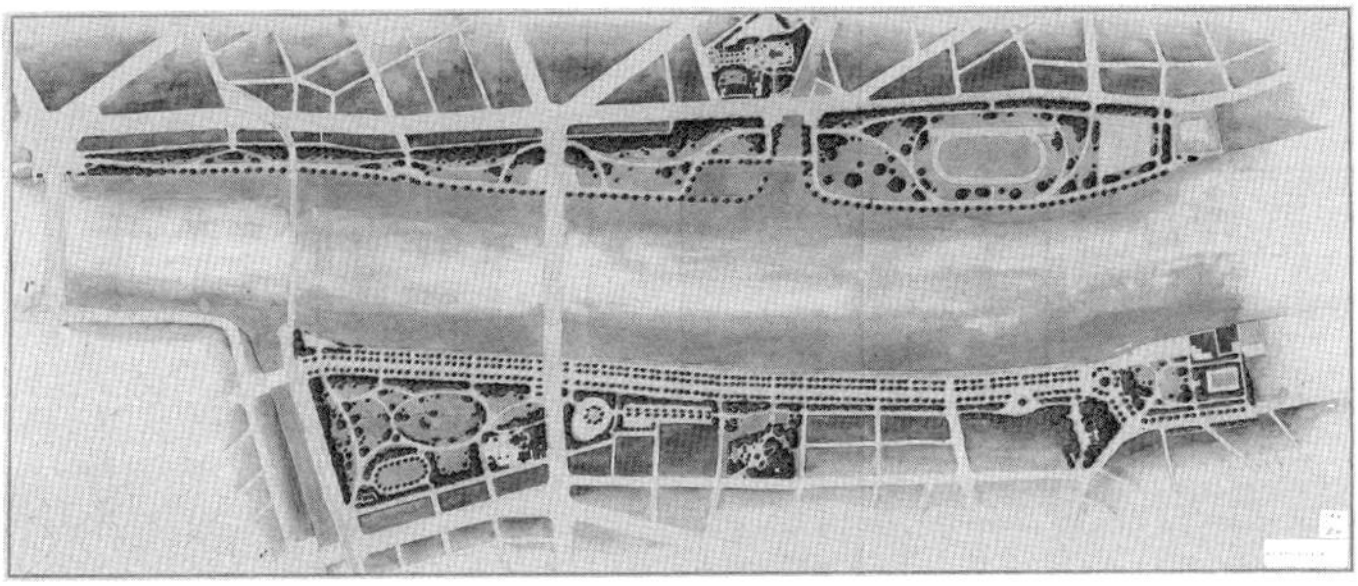

I–11　隅田公園平面図

復興整備前の隅田川の本所側の写真(前頁I-8)からは、震災直後の状況がよくわかります。I-9は、その場所が隅田公園として整備された状況です。隅田川に平行して三列の芝生の植樹帯がつくられ、間隔をあけて樹木が植栽されていることがわかります。写真右手の黒く見える部分は前述した水戸徳川家の小梅邸跡地で、隅田川沿いの公園道路と一体的に公園として整備されました。整備後九年経った一九四〇年の状況を見てみると(I-10)、ソメイヨシノは大きく育ち、路面に木陰を落としています。隅田川に面した歩道にはベンチが設置され、そこに腰掛けて川面を眺めている様子は豊かな風景ではありませんか。

隅田公園全体(I-11)を見ると、図の上側になる隅田川の浅草側には岸近くにシダレヤナギが植わり、本所側とは異なる構成ですが、隅田川両岸に美しい並木が整備されていました。この隅田公園をはじめ震災復興公園整備を主導したのは復興局公園課長の折下吉延《おりしもよしのぶ》さんです。折下さんは復興局の前に明治神宮造営局で内苑・外苑の整備を担当し、今日名所ともなっている外苑聖徳《せいとく》記念絵画館前のイチョウ並木も整備しました。第二次世界大戦後の復興でも、大きな役割を果たしています。

震災復興事業完成の翌年にあたる一九三一(昭和六)年六月には「美の都市、美の国、美の街路」を標語として東京市道路祭が挙行されました。

第二次世界大戦後の歩み――急速に進められた道路整備

一九四三年、東京は市から都になり、東京の街路樹は一六種九万九三八四本、植込地内樹木八〇五四本になっていました。しかし、今度は第二次世界大戦によって街路樹の約六五%が焼失、さらに約一〇%が盗伐され、およそ三万五〇〇〇本にまで減ってしまいます。[12]この戦災について、昭和天皇は、「この(震災の。筆者注)復興に当たって後藤新平が非常に膨大な復興計画をたてたが、……もし、それが実行されていたらば、おそらくこの戦災がもう少し軽く、東京あたりは戦災が非常に軽かったんじゃないかと思って、今さら後藤新平のあの時の計画が実行されないことを非常に残念に思っています」と述べたそうです。[13]

戦後の復興においては、今日でも高く評価される基本方針の下、仙台や名古屋、豊橋、岐阜、津、堺、宇部、広島、高松、鹿児島など全国の多くの都市で幅の広い並木道がつくられました。しかし、東京では安井誠一郎知事が都市計画への熱意をもたず、当時の激しいインフレを収束させるGHQの財政引き締め指令も影響して、復興計画は大幅に縮小されました。[14]

戦後間もない一九四八年、街路と道路の区別をなくした現行道路構造令が制定され、都市においても交通機能を中心にした道路整備が進められるようになりました。折しも日本は一九五五年から一九七三年までの一八年間、年平均一〇%以上の経済成長が続き、自動車も急速に普及しました。一九五五年の自動車保有台数は約一三四万台でしたが、一九七三年には約二三八七万台に達しました。ちなみに二〇〇七(平成一九)年の約七九二三万台をピークに近年は保有台数が減少しています

（国土交通省調べ）。

交通機能優先の道路建設は、一九六四年の東京オリンピックに向けて、さらに拍車がかかりました。首都高速道路の建設です。この建設は道路用地取得がいらない既存道路や河川の上部が対象とされ、震災復興事業で整備された多くの道路緑地は縮小・撤去されてしまいました。[15] 具体的には、昭和通りのように四列並木の中央二列を含む中央部が高速道路用地となり（Ⅰ-12）、また日本の道路の基点とされている日本橋の上部を高速道路が通りました。さらに細かく見ると、震災復興で整備された交差点広場や橋詰広場が高速道路のインター用地として活用されたわけです。東京・昭和通りの江戸橋（Ⅰ-13）も震災復興事業で整備された橋詰広場です。南側の橋詰広場は首都高速インターとなり、現在は、東側にのみ橋詰広場が残っています。

第二次世界大戦によって、東京では震災復興事業で整備された道路緑地は壊滅的なダメージを受けました。その復興もままならないうちに、急速な「経済的」高度成長が始まり、「物質的」整備が進んだといえます。そうしたなかで価値尺度が物質的豊かさや速さに偏ったことは否めません。消費社会の展開とは裏腹に、大きく後退したと思われるのが「丹精を込めてつくり育てる」姿勢や、身の回りの環境に対する関心です。こうした変化は、街路樹のありようにも端的に現れています。

I-12　昭和通り

I-13　昭和通りの江戸橋　(左)南側　(右)東側

二〇〇〇年代の「百万本計画」

こうした交通機能優先の道路のありかたが見直されるのは、日本初のオリンピック開催から三〇年を経た一九九四年の道路審議会答申まで待たなければなりませんでした。転換の背景には、交通渋滞・事故、環境問題など従来からの社会問題が深刻化してきていること、道路の質的な遅れが都市の個性や魅力を阻害する要因ともなっていること、また高齢化の進行などが挙げられ、従来の道路づくりの考え方ではこれらの社会変化に対応できないという認識がありました[16]。答申には、道路は「人とくらしを支える社会空間」であるとして、幅員の広い街路や歩行者専用道路を位置づけること、そして、都市内道路については空間機能の観点から広幅員の歩道や植樹帯、中央帯を確保すること、さらに様々なエリアをつなぐ横断構成要素として広場を位置づける必要があることが盛り込まれています[17]。

この答申を踏まえて、二〇〇一年七月施行の道路構造令改正では、①自動車から独立した歩行者・自転車の通行空間の確保、②公共交通機関(路面電車等)の通行空間等の確保、③「緑」空間の拡大、④環境負荷の少ない舗装の導入および舗装構造の性能指標化などが明記されました。③に関わっては、緑空間の存在が高く評価され、植樹帯設置の意義も認められています[18]。そして、都市部の交通量の多い道路(第四種第一級)では、植樹帯を「必置」することに加え、これに準ずる道路(第四種第二級)についても原則設けることとなり、これまで植樹帯のない場合が多かった二車線道路にも原則として植樹帯を設置することになったのです。[19]

こうした道路構造の見直しの一方、東京都では、腐朽などを原因とする街路樹の倒伏事故対策が課題となり、一九九八年から街路樹診断事業が始まりました。この街路樹診断や、腐朽の問題については、Ⅱ章で詳しく説明したいと思います。

東京都では、石原慎太郎知事のもと、二〇〇六年度から街路樹百万本計画事業が始まり、二〇〇五年度末には四八万本だった街路樹が二〇一五年度末に一〇〇万本を達成しました。ただ、この一〇年間の増加分は、じつは既存高木の間に植栽された中木です。ヒートアイランド現象の深刻化、首都直下地震のリスク、そして二〇二〇年の東京オリンピック・パラリンピック招致といった諸要素を考えれば、本当は、現存する街路樹の「樹冠」を大きく広げる必要がありました。

樹冠とは、枝や葉が茂っている部分のことで、樹冠が大きく広がりますと、強い日差しを遮る範囲が広がり、緑陰効果が大きくなります。また既存の街路樹にとどまらず、先の答申でも記されていた交差点広場、中央帯等に高木を植栽して早急に緑陰・防災機能を高める必要もあったといえます。[20]

3 世界からみた日本の特色――「透かし剪定」という文化

ヨーロッパでは

ここからは、世界各国の街路樹と比較しながら、日本における特徴について考えてみましょう。そこで一つ大きなポイントとなるのは、木の剪定です。剪定というと、専門の職人さんだけに関わる技術で、一般の人には関係がないと思われるかもしれません。しかし、木の生育を大きく左右する重要な要因の一つですし、剪定のあり方は、行政や市民の関心を映す鏡でもあるともいえます。

I-14の、ロンドンのプラタナスの街路樹を見てみましょう。日本のプラタナスと同じ種類とは思えない樹形かもしれません。

よく見ると、どの木も沿道の二階のベランダより少し低いところで幹のようにも見える数本の太い枝が上に伸び、その太枝のかなり高いところで枝分かれしていることがわかります。道路は、片側一車線で歩道も二mほどです。歩道の上のほうには枝がほとんどないのに対して、車道側は両側の木の枝が交差するように車道を覆っています。

自然なプラタナスはこうした樹形になりません。街路樹管理者が意図的にこのような樹形になるように剪定しています。つまり、沿道の建物側には枝を伸ばさず、車道側は空を覆うように枝を伸

I-14　ロンドンのプラタナス街路樹(2006 年 3 月)

I-15　パリのプラタナス街路樹(2011 年 5 月)

ばしているわけです。一〇年ほど前に訪れたローマのプラタナス街路樹でも、さらに歩道は狭く、幹は車道側に傾いていていましたが、同様の剪定がなされていました。

パリは世界で最も街並みが美しいとされる都市ですが、たまたま剪定後で枝がまだ伸びていないプラタナスを見かけたことがあります。街路樹の樹冠が大きく広がっていないと、パリの景観といっても貧弱になるものだと実感しました。**1-15**(前頁)は、その街路樹を歩道で撮った写真です。前年の晩秋に剪定し、春から伸び始めた枝についた葉が展開した段階です。細い枝先に葉が密集していますので、枝先で剪定されていたことがわかります。近くでよく見ると、太い幹の下のほうには以前切った枝跡が幹の肥大とともに覆われていて、後から植栽された細い幹には下枝を切った跡が確認できました。太い幹のほうはロンドンやローマのような樹形に近づきつつあり、細い幹のほうは下枝を切って通行に支障のない樹形に仕立てていることから、手入れの最初の段階であることがわかります。

大きく枝を広げる木

アジアではどうでしょうか。**1-16**は、中国の西安と蘇州のプラタナス街路樹です。西安では、Y字形に開いた枝の真ん中に電線が通っています。蘇州では、根元から三mほどの高さで太枝がYの字形に開き、そこから上に大小様々な枝が伸びています。中国では、街路樹のY字形仕立てが一

I-16 中国のプラタナス
街路樹
(上)西安(2003 年 10 月)
(下)蘇州(2010 年 3 月)

I–17　カナダ・バンクーバーの街路樹（2011 年 10 月）

般的です。苗畑《なえはた》で若木のときに三mほどの高さで幹を切り、そのすぐ下の枝がY字形になるように育て、それを街路に植えています。その後はほとんど剪定しません。

中国と同様、韓国でも植栽後はほとんど剪定しません。二〇一四年にソウルのプラタナス街路樹を観察した際にも、下枝はなく、高さ四mくらいから上に伸びた枝がのびのび広がっていました。

アメリカやカナダは国土が広いこともあり、街路樹では、交通の障害となる下枝は切るものの、その他はほとんど剪定しません（**I–17**）。それに対して、ヨーロッパでは前述のように交通障害となる下枝を切るほかに、樹冠上部も数年に一度、整理しています。その剪定方法に原則があることは、**I–18**のイタリア・ミラノで見られたケヤキ街路樹の例でよくわかります。日本のケヤキとはまったく異なり、三mほどで幹から

I–18　ミラノのケヤキ街路樹の剪定(2005 年 4 月)

I–19　映画『第三の男』より

斜め上に太枝を伸ばし、その太枝から六ｍほどで枝を分岐させ、そこから九ｍほどのところでさらに分岐させて樹冠先端に細枝が広がるようにしています。樹冠先端の細枝を切り詰めずに残しているために枝や幹から胴吹き（幹や枝の途中から新たに出た芽や枝）が出ないのです。

先日、防災体験学習施設「そなエリア東京」（東京臨海広域防災公園）の元センター長で、旧知の友人である保條光年さんが映画『第三の男』のラストシーンに印象的な街路樹が写っていると教えてくれました（前頁Ⅰ-19）。剪定されたばかりの並木が第二次世界大戦後の荒廃した情況描写に選ばれたのかもしれません。前列並木（写真内側）の背後の並木は、剪定後数年経った樹形です。ミラノでの高所作業車による剪定に比べて樹冠上部の枝が短く剪定されていること以外は、近年の剪定と変わりません。撮影地は、一九四八、九年のウィーンですので、ヨーロッパの街路樹の剪定方法が少なくとも戦後間もない頃から続いていることがわかります。

「透かし剪定」という伝統

これら諸外国の街路樹剪定とは異なる剪定が、日本の街路樹では行なわれてきました。一言でいいますと、樹高や枝張りを抑制しながら、樹冠内部の枝も切り透かす剪定です。

Ⅰ-20は、一九二六年頃と推定されるユリノキの冬期剪定です。このユリノキは、樹冠上部に電線があるため、幹先端はまだ樹高の低い段階から芯が止められ、その下から斜上して伸びる枝で樹

I-20　ユリノキの剪定(昭和初期)

冠上部が構成されています。この剪定では、ユリノキ本来の卵形の樹形(一〇五頁Ⅲ−5右参照)を保ちながら、樹の高さを抑制しているのです。また、やはりこの写真で見られる樹冠内部の剪定は、日本に特徴的な方法といえます。ユリノキは陽樹で日当たりの悪い樹冠内部の枝が枯れやすいため、樹冠内部にも光が入るように枝数を減らしています。このような剪定は、樹冠が透けることから、「透かし剪定」と呼ばれています。

透かし剪定によって、葉が茂った八、九月に多い台風で強い風が当たっても、風が枝の間を抜けるようになり、強風による倒木を避けることもできます。さらに、ユリノキは材が柔らかく強風で折れやすいことから、一本一本の枝の先端に伸びている頂枝《ちょうし》を剪定して、それらの枝から横に伸びている側枝《そくし》を残していることも写真からわかります。

街路樹をこのように細かく剪定するのは、日本だけです。この背景には、木造建築の多さと湿度の高さ、頻繁な台風発生、また、日本庭園で培われてきた剪定技術があります。

雨や雪が多く湿度が高い日本では、日当たりと風通しが悪ければ、木材が腐りやすくなるため、屋根にかかる樹冠の広がりを抑制する剪定が加えられてきました。また、日本の多くの街路樹で行なわれてきた夏期剪定には、樹冠に風が通るように枝透かしをして倒伏を防ぐという理由がありました。

もう一つの背景として、日本庭園の庭木の剪定技術が挙げられます。日本庭園は諸外国に比べて

I–21　透かし剪定された常緑広葉樹（中央：アラカシ）

概して面積が小さいうえに、大なり小なり建物があり、その建物から座って眺める構成が多いため、樹木が大きくなると、見通しが利かなくなり圧迫感を感じるようになります。また、樹木が鬱蒼《うっそう》と育ちますと、高温多湿の風土では、日差しが遮《さえぎ》られ、風通しも悪くなります。透かし剪定は、このような日本庭園における工夫から生まれた方法といえるでしょう。I-21(前頁)は、修学院離宮・隣雲亭近くの常緑広葉樹(アラカシ)ですが、樹冠内を風が通ってゆくような剪定がされていることがおわかりいただけるのではないかと思います。

樹高や枝張りを抑えようと、幹や大枝を途中で剪定しますと、幹や枝の途中からたくさんの枝が吹いてしまいます。樹高や枝張りを抑制しながら、樹冠を鬱蒼とさせない剪定が枝透かしです。さらに、日本庭園では、高木の下に低木や草本植物が植わっていたり、芝生になっていたりしますから、高木が鬱蒼としていますと、下木・下草に陽が入らず、花が咲かなくなる、あるいは弱って枯れてしまうこともあります。透かし剪定は、下木や下草を共存させる技術でもあるのです。高木の樹冠が透けますと、奥行き感が増して、狭い庭が広く感じられるようにもなるわけです。

このように、透かし剪定は植物が旺盛に繁茂する日本の風土のなかで培われてきた日本庭園の植栽管理技術で、この技術が世界に例を見ない独自な街路樹を生み出してきました。

I-22　近年見られるプラタナスの夏期剪定（右）と剪定前樹形（左）

昭和初期――東京の木々は

「日本の木はとても美しいし、日本では木が尊ばれ、とても大事に育てられている……木を崇拝するという伝統とは別に、日本人なら誰でも木の美しさを知っています。彼らのように木を大事にする国民はいません。町の中で木が伐られるのは、建物か歩行者か自動車の邪魔になることが本当に、確実に、少しの疑いもなく明らかな場合に限られます」

これは、昭和三年から一一年まで約八年間、イギリス外交官の妻として東京に暮らしたキャサリン・サンソムさんの記述です(21)。近年、強剪定が一般的になってしまった日本の実態からすると、同じ国かと疑問に思うような記述かもしれません。透かし剪定された街路樹も、強剪定された街路樹も、日本人の樹木観の表れですので、日本人が変わってしまったのでしょうか。

昭和初年の東京で行なわれていた、プラタナスの夏期剪定の写真が残っています（**本章扉写真**）。竹竿の先に刃を取り付けて縄で引いて剪定する道具を使い、樹冠内部の枝を切り透かしています。近年見られる多くの葉を切除してしまうような剪定（前頁**Ⅰ-22**）ではなく、緑陰を保ちながら樹冠内を風が抜けるような剪定です。このような手入れがサンソムさんの記述につながったのではないかと思います。

4 多面的・複合的な機能

さて、これまで街路樹の歴史や日本におけるその管理の特徴をみてきました。それでは、街路樹が果たしている役割とはどんなものだと思われますか？　ここで最近の科学的知見なども紹介しながら、整理してみます。

街路樹のもつ機能は、その特性によって生物的、物理的、そして生理・心理的機能に区分できます。以下、順に説明しますが、その独自性ということを初めに考えてみますと、少なくない機能が他のもので代替できないこと、また一本の街路樹であっても、実に多くの機能を複合的にもっていることがわかります(22)。

生物的機能――都市の生態系を育む場として

化石燃料の消費量増大と森林の伐採を大きな原因として大気中の二酸化炭素が急激に増加していることは、すでに広く知られています。二酸化炭素の増加は、メタンガスなどとともに地球温暖化の大きな原因で、その削減が国際的課題になっていますが、なかなか改善できないでいます。

植物は、光合成の過程で二酸化炭素を吸収・固定し、酸素を放出します。一般的な「草」――つまり草本植物は、枯死までの年限が短く、植物遺体の分解過程で二酸化炭素が大気中に放出されるため、二酸化炭素の吸収・固定にはそれほど寄与しません。他方で、私たちのイメージする「樹木」――木本植物は、肥大成長を重ねながら材として二酸化炭素を固定します。しかも寿命が長いため、固定能力が大きいわけです。道路では、皆さんお気づきのように、造成工事や通行利用などで多くの二酸化炭素が放出されます。したがって、そこに植わっている街路樹には、二酸化炭素削減への寄与が期待されるところです。

植物は、食物連鎖においては生産者として位置づけられます。植物は土壌中の養水分と空気中の二酸化炭素を吸収しながら、太陽の光で光合成をして葉や枝を伸ばします。その葉や枝、根を食料として生活する草食動物が第一次消費者で、その草食動物を餌《えさ》とする肉食動物は第二次以上の消費者となります。人は雑食ですので生産者の植物と消費者の動物の両方を食料として生きていることになります。いずれにしても、植物が人を含む動物の生存を支えているわけです。

一方、植物や動物の遺体や排泄《はいせつ》物は小動物や菌類などの「分解者」によって大地に還元されて、土壌の形成や維持につながっています。そして、その土壌で植物が成長していますので、物質は循環しているわけです。

このような生態系の視点で都市をみますと、かなり歪んでいることに気づきます。都市に住む人々は周辺の農村はもとより世界の多くの国々で生産される食料に依存しています。また、生存の土台となる酸素を供給する植物は限られており、そもそも植物が生育できる土壌もわずかしかありません。街路樹と、街路樹が生育する土壌は、こうした自然の少ない都市において、雑草と呼ばれている多くの植物を育むとともに、街路樹や雑草を頼りに生息する動物や、それを分解する動物や微生物を育成する場になっているわけです。

物理的機能

①都市の水を調整する

普段はなかなか意識されませんが、街路樹は防風・防塵《ぼうじん》や、雨水など都市における水の流れの調整においても、大きな役割を果たしています。

都市の特徴の一つは、先にも触れましたように、建物や道路が多く、地面の露出が少ないことです。雨は建物や道路では地面下に浸み込みませんから、建物表面や路面を流れ、排水溝を経て川に流れ込みます。このように、雨が地中に浸透しない不透水地が増えますと、表面排水が増えて、一気に低いところに水が集中することになります。加えて近年は、「ゲリラ豪雨」などで一時間当たりの降雨量が一〇〇㎜前後にものぼることがあります。マンホールの蓋が飛んで排水が噴き出し、もともと低地だったところや地下街が水浸しになったり、中小河川が氾濫したりしています。

路傍に植栽されている木は、単にその根元の土壌に雨水が浸透するという役割をもつだけではありません。高木や低木の枝葉に当たった雨滴は、その幹を伝って徐々に地面に達して浸みていきます。つまり、街路樹によって雨が地面に達するまでにタイムラグが生まれ、雨水の表面流下を減らしているのです。さらに、雨滴が直接、地表面を打つことによって生じる土跳ね、雨滴浸食も防いでいます。

雨水の地下浸透には土壌の構造も重要です。樹木の落ち葉や枯れた雑草はダンゴムシやミミズなどによって細かく分解され、土壌表面近くに腐植層をつくり、やがて様々な大きさの団子状の粒子で構成された土壌になります。水は、大小様々な空隙《くうげき》をもつこの団粒構造にしばらく保たれますが、重力によってゆっくりと地下に浸透し、地下水になっていきます。そして、天気が良くなると、土壌表面から水は蒸発し、気化熱で地表近くの温度が下がるわけです。

つまり、街路樹は、雨のときは土壌と一体になって可能な限り水を保ち、天候が回復すると、蒸発・蒸散で空気中に水分を放出して、地表面や樹木近くの温度を下げているといえます。

②緑陰をもたらす

強い日差しが照りつける夏場に都市を歩くとき、多くの人は日陰を選びます。日差しが斜めになる朝夕はビル陰を選ぶこともできますが、日中の炎天下では、街路樹だけが頼りです。

サーモグラフィで道路面の表面温度を測ってみますと、直射日光が当たる道路面では五〇度を超えますが、街路樹の木陰になった道路面は三〇度前後で、差は二〇度にもなります（**口絵**「ケヤキ街路樹の緑陰効果」参照）。そこで日中はイヌの散歩を避けなければなりませんし、同じく路面により近い子どもさんや車椅子利用者、ゆっくり歩くお年寄りにはなおさら街路樹の木陰が欠かせません。

街路樹は、蒸散活動によって日中、葉から多くの水分を放出します。これによって葉や枝、幹が高温にならずに済んでいます。根から水分が十分吸収できないと、「葉焼け」が起きて萎れますし、幹では「幹焼け」といって樹皮内側の細胞が死んでしまいます。街路樹に限りませんが、植栽して間もない樹木の幹に麻布が巻かれているところ（幹巻き）を見たことがあると思います。木を移植するときには、ほとんどの場合、もとからあった根を切り詰めなければならず、根から吸い上げる水分量が減ってしまいます。すると幹内部を流れる水分が減り、直射日光によって幹表面が高温になり、幹焼けが起きるのです。幹巻きはこの幹焼けを避けるためのものです。

さて、これまで見てきたように、蒸散によって水分は気化します。葉近くの気温は下がりますし、湿度も上がるのですが、その外側の気温や湿度とすぐに混ざります。風があればなおさらです。このため一般的な片側一列の街路樹の木陰の気温や湿度は、周りとほとんど変わりません。にもかかわらず木陰で涼しく感じるのは、街路樹の樹冠で直射日光が遮られているからです。[23] 直射日光を遮ることで涼しく感じるのは、たとえば日傘でも同様ですね。

読者のなかには、夏場の木陰でひんやりした感覚をもったことがある方もおられるでしょう。それは、樹冠が大きく広がって、樹冠の外側とは異なる「微気象《びきしょう》」になっているためです。これまでの計測データでは、ヤマザクラの樹冠下で草丈の低い草地上一・一mの気温が近くのアスファルト道路上一・一mより平均三・五度低くなっていることが報告されています。[24] 街路樹がこのような涼しさをつくりだすうえで重要なのは、樹冠を最大限大きくすること、そして、それを連続させるということです。片側一列ではなく二列にして、縦方向ばかりでなく横方向にも樹冠がつながってゆくと、いっそう涼しくなります。また、街路樹の植樹帯や植えますの土壌からも水分が蒸発し温度が下がります。

街路樹のこうした複合的な緑陰機能を十分発揮させるためには樹冠を大きく展開させ、根が十分張れるよう土壌をしっかり確保する必要があります。

③車道と歩道の仕切り役

私たちは普段なにげなく歩道を歩いていますが、歩行者の行動をリサーチすると、多くの情報を、反射的ともいえる速さで判断していることがわかります。

たとえば、すれ違う人とぶつからないよう、人はほとんど無意識のうちに進行方向を歩きながら調整していますが、前方から歩いてくる人が二〇mも先にいるときから、その位置を決めているのです。また、沿道側(車道と反対側)には通常いろいろな建物が連なっていますが、建物がなくて駐車場のように空間が空いていますと、ほとんどの歩行者は一瞬、空いた空間に目を向けます。私自身、自分が歩いた後を、ビデオテープを巻き戻すようにふり返りますと、沿道側の空いた空間に目をやるのは反射的な安全確認行動だと思います。

街路樹のあるなしで、歩行者の行動にはどんな違いがあるのでしょうか。このことを示す研究もあります。片側一車線で歩道幅約四mの一般的な道路で、街路樹の植わっている区間(イチョウの街路樹が植わっていて沿道側がコンクリートブロック塀の区間、キョウチクトウの生垣の区間、カイヅカイブキの生垣の区間、あわせて三区間)と、何も植わっていない区間の計四区間、それぞれ長さ二〇mのあいだで、無作為に歩行者の行動を計測した調査です。

解析の結果、二人以上ですと、同行者への配慮や注意が働き環境による違いが見られなかったのですが、一人では違いが見られました。沿道側を歩く人が多いのはどの区間も同じでしたが、街路樹のない区間ではほとんどの人が沿道側を歩くのに対して、街路樹があるところでは一、二割の人が歩道中央や車道側を歩きました。さらに、視線の方向を分析しますと、街路樹がない区間では左右を見る割合が多い一方、街路樹があると前方と斜め下がほとんどになりました。

つまり、街路樹がないと車道側が気になり、横を見ることが増え、歩く位置も車道から遠い沿道側を歩きますが、街路樹があれば、前方か斜め下に視線が向き、一、二割の人が歩道中央や車道側も歩くようになったわけです[25]。このことから、街路樹は車道の脅威を和らげ、安心して通行できる歩道としている――言い換えれば、車道と歩道の仕切りとしての役割を果たしていることがわかります。

④遮蔽・遮音効果が運転手もサポートする

また、遮蔽植栽によって、車の走行景観や休憩園地(休憩・休息が主目的の園地)の景観が良くなることは認識されていますが、その理由も明らかにされてきています。

時速四〇km前後で走る運転者の目の動きは、車が止まっているときに比べてかなり速くなり、植栽がなく、沿道の建物や広告が目に付く道路では、いっそうその傾向が強まります。しかし、建物や看板を適度に遮蔽する街路樹があれば、運転者の目の動きはそれらに引きつけられず、ゆったりと前方を注視できるようになります。街路樹によって都市の景観が良くなるという評価には、速い動きで目が疲れないということも関係していると思います。

中央分離帯や沿道の樹木には、対向車線や側道の車のヘッドライトを遮る役割もあります。とりわけ、高速道路での運転時には大きな事故につながる可能性もありますから、中央分離帯や路傍の遮光植栽はなくてはならないものです。さらに、近年の明るい照明はドライバーの目に刺さるような光ですから、仕事で毎日運転する方にとってはなおさら重要な存在と言えるでしょう。

道路沿いの樹木には、遮音効果もあります。樹冠にはさまざまな隙間がありますので、遮音壁のような構造物に比べると、わずかな距離では音を遮ることはできません。しかし、空隙の少ない密な植栽を奥行き二〇mでベルト状に設定したときの音の減衰は、距離による自然減衰と合わせて七―九dB(A)とされ、効果は遮音壁に匹敵します[26]。

さらに、街路樹には防火効果もあります。たしかに植物は、乾燥すれば燃料にもなりますし、鉄やコンクリートに比べれば遥かに燃えやすいものですが、生きた状態では樹体内に多くの水分を含んでいますので、発火までに時間がかかります。常緑広葉樹で葉の厚いサンゴジュやモチノキのような種類では、枝葉が密生することもあり、特に防火効果が期待できます。また、街路樹に多いイチョウも、古くから「火伏せの木」として植栽されてきました。道路は災害時の避難路になりますので、街路樹は火炎や輻射熱(放射熱ともいいます)を遮断し、安全な避難路を確保するうえでも大切な役割を担っています。

生理・心理的機能――最新の知見から

街路樹が都市の景観にとって重要なことは近代街路樹の整備当初からいわれていますが、半ば自明のこととされて、その理由が検討されることはそれほどありません。もちろん商品などと同じような印象評価によって街並みの印象を調べると、街路樹がある景観が良く、強く剪定されているより、自然な街路樹のほうが評価は高いのですが、評価がやや紋切り型になっていたと思います。

そこで注目すべきなのが、先ほどの歩道の調査などにも現れていた無意識的な反応です。具体的には、行動やしぐさ、目の動き、脳、血圧・心拍などの言葉を介さない生理・心理的な反応を指します。行動や目の動きなどには、もちろん意識的な動きも含まれますが、そうでないものも実際にはたくさんみられます。しかし、無意識的な反応は自分自身で認識していませんので、人から聞かれても答えられません。

私たちは、東京都内の代表的なケヤキの街路樹のひとつ「中杉通り」(都道四二七号線)の阿佐ケ谷駅近くで、樹冠の大きい自然樹形の街路樹と、剪定されて樹冠が小さい街路樹の区間を、それぞれ椅子に座って見てもらう形で印象評価と心拍、眼球運動を測定しました。

印象評価では樹冠が大きい街路が小さい街路に比べて「涼しい」「潤いのある」「快適な」「美しい」などと高く評価されました。そして、注目していた心拍数は、樹冠の大きい街路のほうが小さい街路より少なかったのです。逆に言えば、樹冠が小さい街路では心拍数が多く、興奮状態になることがわかりました。さらに、眼球運動を解析しますと、男性では視点の平均停留時間が、また女性では視点の停留点数が、それぞれ樹冠が大きい街路でより多くなりました。つまり、男女とも樹冠が大きい街路では目の動きがゆっくりになったのです。(27) こうした目の動きは前述した街路樹のある区間を走っているときの自動車運転者でも見られ(28)、リラックスした状態を示しています。自動車運転者の場合と同様、樹冠が小さいと、その分、近くにある建物や看板などに視線が向かって目の動きが速くなり、同時に心拍数も多くなったと考えられます。

文化と美――様々な機能を総合して浮かび上がるもの

街路樹による景観の美化は、人の文化的側面に関わる機能であるともいえます。美というと、しばしば外観的にとらえられますが、その背景には、樹木が果たす役割や意味がかくれています。

江戸時代、各街道に一里(約四km)毎に築かれた一里塚にはエノキやマツなどが植えられていました。これらは、街道を行き交う人々の目印や目的地になっていましたし、一休みする木陰を与えてくれる場所でもありました。大木が大きく枝を広げた一里塚は、街道筋の旅情を思い起こす風景として多くの浮世絵に描かれています。多くの人々が大切にしてきた樹木は、樹木自体がもつ自然美に人の慈しみも加わって、情感豊かな風景美をつくります。街路樹の美は、前述した生物的機能、物理的機能、生理・心理的機能を充たしたうえで生まれますので、緑化のいわば最終目標として位置づけられるでしょう。

以上、この章では、街路樹とはなにか、その歴史や多彩な役割と機能をみてきました。物理的機能についていえば、その一つひとつは人工物によって代替可能ですし、そのほうが効果的である場合も少なくありません。しかし、人工物では、木が担うその他の役割をカバーすることはできません。街路樹のユニークさは、多くの機能、つまり生物的機能や生理・心理的機能、物理的機能の多くを複合的にもっているということです。

次のⅡ章では、いまある街路樹が具体的にどのような状態にあって、誰が、どのように管理しているのか、みていきたいと思います。

---

(1) 渡辺達三(二〇〇〇)『「街路樹」デザイン新時代』、裳華房。
(2) 東京都建設局公園緑地部編(一九九〇)『東京都街路樹マスタープラン検討委員会報告書』、東京都建設局。
(3) 国立公文書館デジタル展示「変貌――江戸から帝都そして首都へ」。
(4) 注2に同じ。
(5) 福羽逸人(二〇〇六)『福羽逸人回顧録』、国民公園協会新宿御苑。
(6) 内務省令第二十五號(大正八年一二月六日)。
(7) 注2に同じ。
(8) 注2に同じ。

（9）森本幸裕・中村彰宏・佐藤治雄（一九九六）「街路樹の機能と阪神・淡路大震災」『IATSS review』二二（一）、四九―五六頁、国際交通安全学会。
（10）越沢明（一九九六）「都市計画における並木道と街路樹の思想」『IATSS review』二二（一）、一三―二三頁、国際交通安全学会。
（11）復興事務局編（一九三一）『帝都復興事業誌（土木編・上巻）』、復興事務局。
（12）注2に同じ。
（13）高橋紘（一九八八）『陛下、お尋ね申し上げます――記者会見全記録と人間天皇の軌跡』、文春文庫
（14）越沢明（二〇〇五）「戦災復興計画の意義とその遺産」『都市問題』九六（八）、五〇―五五頁、東京市政調査会。
（15）注10に同じ。
（16）建設省道路局企画課（一九九四）「道路審議会答申「21世紀に向けた新たな道路構造のあり方――新時代の〝道の姿〟をもとめて」について」『道路行政セミナー』五（九）五七号、七―三三頁、道路新産業開発機構。
（17）注10、16に同じ。
（18）道路構造令改正においては、「植樹帯は、都市景観の向上を図るばかりでなく、自動車の歩道への逸脱や乗り上げを防止するといった交通安全施設の役割を果たすとともに、植樹帯を設けることにより距離減衰による騒音の低減、樹木によるCO_2の吸収効果、路面の輻射熱を遮断する効果等、複合的な施設として優れている」とも明記されている。
（19）渡邊良一（二〇〇一）「道路構造令の改正について――歩行者・自転車・自動車・緑を構成要素とした道路構造への転換」『建設マネジメント技術』二〇〇一年八月号、二一―二五頁、経済調査会。

(20) 藤井英二郎(二〇一五)「2020東京オリンピック・パラリンピックに向けた道路緑化のあり方」『グリーン・エージ』四二(一〇)、四―七頁、日本緑化センター。
(21) キャサリン・サンソム著、大久保美春訳(一九九四)『東京に暮す――1928―1936』、岩波文庫。
(22) 藤井英二郎(二〇〇二)「道路緑化の機能」道路緑化保全協会編『道と緑のキーワード事典』、技法堂出版。
(23) 中山敬一・今久・藤井英二郎(一九九九)「植栽の微気象緩和機能及び乱反射防止機能に関する基礎的研究」、道路緑化保全協会関東支部。
(24) 山田宏之・養父志乃夫・中島敦司・中尾史郎・松本勝正(二〇〇〇)「異なる地表面状態の屋外空間における夏季暑熱環境の評価」『ランドスケープ研究』六三(五)、五四三―五四六頁、日本造園学会。
(25) 坂巻宏紀・花沢弘次・藤井英二郎(一九九一)「路傍植栽と歩行の関係――千葉海浜ニュータウン内の一般道路に付帯した歩道の場合」『千葉大学園芸学部学術報告』四四、一九一―一九九頁。
(26) 三沢彰・松崎喬・宮下修一編(一九九四)『自動車道路のランドスケープ計画――環境と景観の立場からみた道路づくり』、ソフトサイエンス社。
(27) 公益財団法人都市防災美化協会(二〇一四)「緑の防災ネットワークと都市美化のための街路樹のあり方に関する調査・研究」、細野哲央・粕谷修之・藤井英二郎(二〇一八)「夏季における剪定方法の異なるケヤキ街路樹の生理・心理的機能」『人間・植物関係学会雑誌』一六(一)、一―六頁、人間・植物関係学会。
(28) 藤井英二郎(一九九五)「都市景観と植物」工業技術会編『都市景観におけるデザインと材料』、研修社。

第II章　都市の緑はいま

車道を覆う田園調布のイチョウ街路樹

1 街路樹の「姿」をつくる人たち

Ⅰ章では欧米や中国、韓国の街路樹も紹介しましたが、日本の木々では、枝が切り詰められ樹冠が小さく抑制される傾向があるといえます。これは、多くの人が街路樹の存在に気づかない理由の一つかもしれません。

また、欧米・中国・韓国の街路樹の幹は、概して凹凸がなくきれいです。**Ⅱ−1**の、ロンドンのプラタナス街路樹も、太い幹がどっしりと上に伸びています。ところが、最近の日本の街路樹では、**Ⅱ−2左**のプラタナスのように幹に瘤ができ、そこから細い枝が何本も不規則に出ていたり、あるいは、**同右**のイチョウのように、幹の根元からたくさんの蘖《ひこばえ》が生えていたりする木が少なくありません。同じ樹種の木でも、なぜこうした違いが見られるのでしょうか。どのように手入れされてこのような状態になったのでしょう。こうした木の現状には、単なる文化の違いにとどまらない、日本におけるある「変化」が影響しているように思います。

II-1　ロンドンのプラタナス街路樹の幹

II-2　日本の街路樹　（左）プラタナス　（右）イチョウ

国道・都道府県道・区道・市道──管理者あれこれ

私たちが日々見かける木々の「姿」をつくっている人たちのことをご存じでしょうか。

街路樹は、「道路管理者」によって管理されています。国道であれば国土交通省の国道事務所、都道府県道はいくつかの市町村域を管轄する土木事務所、区道や市町村道は区役所・市町村役場の道路部局がこの道路管理者にあたります。

道路管理者は、それぞれが定めた「街路樹管理基準」などをもとに、予算を確保しながら毎年の管理内容を検討し、剪定などを専門業者に委託して、委託内容が実行されているか、確認します。

また、歩道に設置されている電柱、道路下に埋設されている上下水道・ガス管、道路上方に配置されていることの多い電線・電話線などの「占用物件」と、前もって配置されている「道路付属物」である街路樹や道路照明などとの調整も、この道路管理者が行なっています。

街路樹管理には、高木の剪定や低木の刈り込み、除草などがあり、これらは、生育的にも作業的にも相互に関連します。皆さんは、これらの作業が一括して同じ業者に委託されていると思われるかもしれません。実際には、ほとんどの道路管理者は作業を個別に発注しています。つまり、ある街路の○○交差点から△△交差点までの区間の冬期の高木剪定はA業者に発注、低木の刈り込みはB業者に発注……という具合です。

道路利用や景観に大きな影響を及ぼし、また作業としても難しい高木剪定は、一般的にはゴンドラに乗って枝を切る高所作業車、梯子《はしご》で木に登って枝を切る人、剪定した枝葉を細かくしてトラックに積み込む人、交通整理員、そして全体を監督する人という体制で進められます。車線規制や歩行者誘導も行ないながらの高所作業は危険を伴うものです。そして、できるかぎり短時間で作業し整理整頓して、次の街路樹へと移動しなければなりません。頭も神経も体もつかう大変な作業です。

ところで、街路樹にはどれくらいの税金が使われているのでしょう。街路樹の値段は、樹種や大きさによって異なりますが、最も多く植えられているイチョウの、樹高四m、目通り幹周《みきしゅう》(立木の、目の高さに相当する位置の幹の周りを指します)一五cm、枝張り二・五mですと、一万五〇〇〇円くらいです。

それを搬入して歩道の植樹帯に植えて、支柱を掛ける費用も一万五〇〇〇円くらいになります。良質な土壌である客土《きゃくど》の費用は、量によりますが、一m³で五〇〇〇円くらいで、搬入も含めて工事費がかかります。木が大きくなると、毎年〜五年に一回の剪定費用もかかりますので、一本の街路樹に使われる税金は少なくありません。そう考えても、生きた社会資本として大切にしなければなりませんし、伐採は安全確保のため真にやむを得ない場合に限られなければならないといえるでしょう。

負のサイクルが続くのはなぜか

実際に様々な作業にあたる委託業者は、多くの場合、一般競争入札によって最低価格の業者が受注することになります。他の分野でもよく見られることですが、過度な価格競争が進むと採算割れを起こしてしまいます。たとえば極端に低い価格の業者が受託しますと、採算割れを起こさないよう一本の剪定を短時間で済ますことになり、たとえば太い枝をチェーンソーで切るだけというような剪定になりがちです。発注者の道路管理者にとっては契約違反のはずですが、しっかり評価しなければ、こうした強剪定が横行するようになります。

強剪定された切り口からは、冬期剪定であれば翌春に細枝が箒《ほうき》状に出たり、幹や太枝の途中からも胴吹きが出たりします。また、太枝が枯れ下がることもあります。このような街路樹では、剪定しなければならない枝数が極端に多くなりますし、どの枝を残して樹形を再生させるか、見極めながら剪定しなければなりません。

したがって、一度強剪定された街路樹を再生させるためには、道路管理者はより多くの予算を確保して次の発注をする必要がありますが、そうはなっていません。「再生剪定」は管理基準に書かれていないため、通常の剪定が発注され、やはり一般競争入札で最低価格の応札者が受託します。すると枝の位置や向きを考えて残す枝を決め、他は付け根で切るという丁寧な剪定では赤字となり、前年切られた太枝から発生した枝を機械的にすべて切るような剪定が繰り返されてしまいます。細枝を切るときに付け根ごとではなく、枝の基部を残すような手荒な作業がなされることもあり、それでは切り口がすぐに瘤状になってしまうわけです。

このような不適切な強剪定が見られるようになったことを受け、一般社団法人・日本造園建設業協会は一九九九年に「街路樹剪定士」を認定するようになりました。一定の剪定実務経験者に学科と実技の試験を課すもので、合格して「街路樹剪定士」に認定されると、五年ごとに講習と更新手続きを求められます。二〇一八年五月時点の資格保有者数は約一万三〇〇〇人で、多くの官公庁は、街路樹管理業務の入札条件に「有資格者」であることを加えています。しかし、後述するように、この街路樹剪定士制度が始まって二〇年になりますが、残念ながら強剪定は改善されていない現状があります。

倒木リスクの点検

街路樹担当者(道路管理者)の仕事には、危険樹木がないかなどの確認も含まれています。

近年、街路樹が倒れて道路を塞いでしまったり、車を押しつぶしたりする様子が新聞やテレビでよく報道されています。

猛烈な台風や竜巻などによる街路樹の倒伏は、もちろん自然災害です。しかし、太い枯れ枝がある、あるいは、葉が十分ついておらず幹もぐらついているような、樹勢(樹木の生育状態)の著しく悪い木が倒れて事故が起きると、道路管理者の責任です。このような危険樹木を日常点検で確認し、適切に対応しなければ、その管理瑕疵《かし》が問われることになります。(1)

さて、こうした日常点検の際に、検出や評価、判断が難しいのが「腐朽」です。街路樹が倒れる原因は、樹勢が著しく弱っていて幹がぐらついていたこと、幹元や幹が腐朽していて強い風に耐えられるだけの支持力がなくなってしまっていたこと、あるいは猛烈な台風で強風が吹いたことなどです。

東京都は、一九九五年九月に表参道の大きなケヤキが根元腐朽によって倒れたことをきっかけに、本格的に街路樹診断を行なうようになりました。街路樹診断は、都の街路樹診断講習を受講した樹木医、あるいは都が認める街路樹診断講習または研修を受講した樹木医によって、街路樹診断マニュアル(2)に沿ってなされます。

診断マニュアルによれば、樹勢又は樹形の活力度が五(=ほとんど枯死)の段階であるもの。もしくは、幹や根の腐朽が著しく、極めて不健全な状態で回復の見込みがないもの。また、倒木や幹折れの可能性があるもの、腐朽診断によって、腐朽空洞率が断面積で五〇%以上のもの、は健全度C(不健全)と判断され、撤去・更新の対象となっています。

腐朽・空洞率だけでは判断できないことも

この伐採・更新の判断に関わって、私自身、大きな判断ミスをしたことがあります。それは表参道の東側に続くみゆき通りのエンジュ街路樹です(**次頁II−3左上**)。みゆき通りは、大正天皇が明治神宮参拝のときに通る御《み》幸道《ゆきみち》として整備されたとされており、このためエンジュが植えられたのだろうと思います。エンジュは、中国では三公(大臣)の門前に植えられる樹種ですし、朝鮮王朝時代の王宮・昌徳宮《チャンドックン》では正門・敦化門《トンファムン》から仁政殿《インジョンジョン》に向かう御道の左手に大木が列植されています。

木の腐朽率は、幹に四方から直径三mmの針を差し込むときの抵抗で材の硬さを測る「レジストグラフ」という検査道具で計測します。みゆき通りのエンジュの腐朽率を調べると、二〇一四年一〇月には四七・三%だった一本が、二年後の二〇一六年の計測では五四・七%に増加したことから、診断した樹木医の所見として撤去・更新が必要とされました。

しかもこのエンジュの幹(直径約二五cm)には、車道側に縦一五cm・横七cmほどの楕円形の洞が空いていました(**同右上**)。腐朽率を計測し所見を書いた樹木医とは別の樹木医と、二〇一七年四月二六日に現場に行き、車道側の空洞から雨水が幹内に入り込んで腐朽が進んでいると推定し、やむなしと判断して伐採に立ち会いました。

ところが、伐られた幹を確認して愕然としました。確かに洞から下の幹内部には大きな空洞が空いていたのですが(**同左下**)、樹が地面と接する地際近くの幹の空洞率は約四〇%でしたし、空洞に接した材に触ってみると、堅く、腐朽はまったく見られなかったのです。幹上部の洞をきっかけに

II-3　みゆき通りのエンジュ街路樹
(左上)伐採前の樹形
(右上)車道側の洞
(左下)幹根元
(右下)上部の幹

幹内部は腐朽したのですが、腐朽を阻止する防護体がしっかり発達して固い壁となり、幹上部に腐朽は広がっていませんでした(**同右下**)。

レジストグラフによる計測に基づく推定には少なからず誤差があるということを痛感しました。前述した空洞に接した材の硬さの値も、明確には反映されていませんでした。空洞率五〇%の前後一〇%くらいの変化で腐朽拡大を判断してはいけないといえるでしょう。

そして、さらに大きな教訓もありました。伐採したエンジュの枝には三年ほど前の強い剪定跡がありましたが、そこから多くの枝が伸びていたのです。その一部の枝の主軸は枯れていて、これが幹の腐朽と関連していると判断したのですが、そのほかのほとんどの枝はよく伸び樹勢は旺盛でした。樹勢が旺盛であれば、腐朽の進行を抑える防護体もでき、さらに肥大成長によって空洞率は低下するわけです。幹の腐朽・空洞率は、撤去・更新を判断する際の重要な指標ではありますが、必ずしもそれだけでは判断できないケースがあります。とりわけ、木の樹勢に問題がなければ、伐採せずに日常点検時の要注意木として観察を続ける必要があると思います。

2 「ぶつ切り」が横行する制度的な背景

「一年に二回」から「三年に一回」に

前節で述べた、倒木の原因となる幹の腐朽・空洞や枯損はなぜ起こるのでしょうか。

直接的な原因としては、たとえば、工事の際に太い根を破断してそのまま埋め戻してしまうことや、上に伸びるはずの幹の上部や太い枝を切る、いわゆる「ぶつ切り」などが挙げられます。

根が破断されズタズタのまま埋め戻されると、傷口が塞がりにくく発根しにくいのです。また「ぶつ切り」されると、光合成ができる葉と、樹体に蓄積されている光合成産物がともに急減し、樹勢が悪くなります。その結果、幹や太枝、根の傷から腐朽菌が侵入しやすくなるのです。そして、「ぶつ切り」剪定(II-4)がよく見られる背景には、道路管理予算の削減が深く関わっています。多くの官公庁の街路樹管理予算は、一九九八(平成一〇)年頃まではほぼ横ばいでしたが、その後、徐々に削減され、近年は九八年当時に比べてほぼ半分というところが多くなっています。

これはどういうことかというと、従来は冬期と夏期の年二回行われてきた剪定が、たとえば、名古屋市では一九九七年度は年一回、二〇〇二年度には一〜二年に一回になり、二〇〇八年度以降は一〜三年に一回になっているのです(II-5)。そして、従前の樹冠の大きさを数年に一回の剪定で

II–4　イチョウのぶつ切り剪定(日比谷通り)

II–5　名古屋市の街路樹管理頻度の推移

	1997年	2002年	2008年	2013年
高木剪定	1年に1回	1–2年に1回	1–3年に1回	1–3年に1回
除草	4–5	3	2	0–1
清掃	48	30	10	0
芝刈	4–5	3	2	0–1
低木苅込	1–3	1–2	1–2	1
中木苅込	1	1	1	1
草花植付	4–5	3–4	2	0

提供：元名古屋市公園緑地部長・今西良共氏
注：高木剪定以外は、1年間の回数を示す.

維持しようとすると、以前の切り口から数年間で伸びた枝を、以前と同じ切り口で切ってしまう処理で済ませてしまいがちです。大づかみにいえば、街路樹の剪定頻度の減少がぶつ切り剪定をもたらして樹勢を低下させ、腐朽菌が侵入しやすくなって倒伏事故が増え、街路樹診断が必要になったという流れを指摘できるでしょう。

また、全国で見られるプラタナスやイチョウ、ユリノキなどの既存街路樹の強剪定と、昭和六〇年代以降のハナミズキ街路樹急増には関連があるように思います。

ハナミズキは花木《かぼく》として優れてはいるのですが、樹高が低く枝が横に張るため、車道側の車両の通行を妨げてしまいます。道路構造令では、車両や歩行者の通行を妨げないように車道側は高さ四・五m、歩道側は二・五m以下に構造物を設置してはいけないという「建築限界」が定められています。通行を妨げる木の枝などは、このゾーンには伸びていてはいけないということです。ただ、道路交通法によって車両の高さは三・八mに制限されていますので、路肩では三・八mまで建築限界を下げることが認められています(II-6)。なお、平成一六年の車両制限令改正で「高さ指定道路」については、車両の高さが四・一mに引き上げられています。

ハナミズキではこの三・八mすらほとんどクリアーできませんし、夜間に温度が下がらない都市では枯損率も高いのです。それにもかかわらず急増したのは、成長が遅く落葉量も少ないため、他の多くの街路樹のような剪定の必要がなく、管理に手がかからないからでしょう。葉が小さくて少

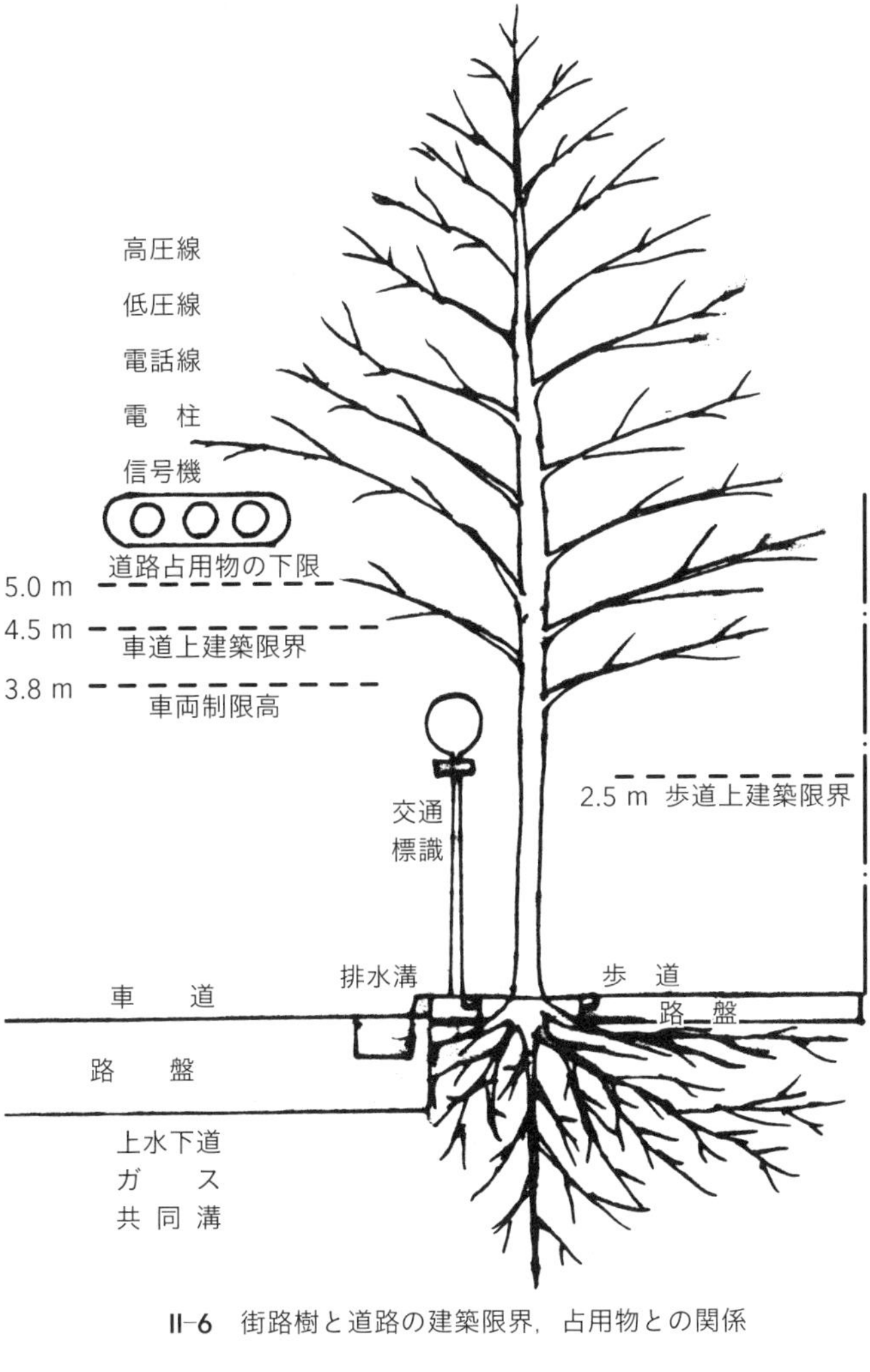

II-6　街路樹と道路の建築限界，占用物との関係

なく、成長の遅い樹種、たとえばサルスベリのような街路樹が近年増えつつあるのも同様の理由があると考えられます。裏を返せば、それほど道路管理費は削減されているわけです。

「土木」と「緑」のあいだで

他にも、強剪定がよくみられるようになった理由として、車両や歩行者が通行する空間を確保する、信号機・交通標識や架空線などの「道路占用物」と競合している、あるいは、沿道への越境を回避する――といったことも挙げられます。ただ、これらは枝の一部が支障になっていることがほとんどで、一部の枝を切り詰め剪定するか、付け根から切除することで解消できます。たとえば、通行空間の確保であれば、建築限界を侵している下枝だけを細いうちに付け根から早めに切除すればよいわけです。信号機はアーム部分を長くするだけで解決できる場合も多くあります。

こうしたぶつ切りの問題をさらに考えてみると、どんな専門家が街路樹管理を担当しているかというシステム面での課題に行き当たります。

街路樹管理業務を発注している街路樹管理者は、緑の専門家でなく、土木技術職がほとんどです。つまり、発注者に、剪定方法について細かい指示を出し、適切な評価を行なうよう求めるのが難しいという現状があるといえます。であれば、受注者が専門技術者として適切な剪定を行なうことが重要になってきますが、前述したように、管理業務は一般競争入札でより低額な応札者が受注するのが一般的です。このため、手間をかけた剪定を見込んで積算した業者は受注できないわけです。また、適切な剪定技術をもった業者が無理をして金額を下げて受注したとしても、丁寧な剪定が評価されなければ、より効率的な剪定になっていくのは世の常です。街路樹管理には、残念ながら「悪貨は良貨を駆逐する」実態がみられるのです。

落ち葉の見方——コミュニティの課題として

以上みてきましたように様々な仕事を担う街路樹担当者が、もっとも苦労しているのは、実は落ち葉や害虫などに関する要望や苦情です。東京都緑化業協会が行なった都内各自治体の街路樹担当部局に対するアンケート調査では、「街路樹の維持管理での問題点」として、「落葉」六二・五％と「害虫」四五％が最も大きい課題に挙げられています(『平成二四(二〇一二)年度版　東京都緑化白書』)。

前者の落ち葉対策としては、紅葉前の剪定や、それがさらにエスカレートして、夏場の緑のときに葉を大幅に減らす剪定も見られます(三三頁Ⅰ-22参照)。

落葉樹では、紅葉とともに光合成産物が葉から枝や幹に還流されていきますので、紅葉前の剪定は大変なダメージです。後者の前倒し剪定は、夏場の台風で木が倒伏するのを避けるために樹冠内を風が通るようにする、いわば夏期剪定と落ち葉対策を兼ねたものと思われますが、それによって、夏場の緑陰機能も当然果たせなくなります。

落葉樹は夏期に強い剪定を受けると、もう一度新しい葉を出し、晩秋まで緑の葉でいて、紅葉が遅れます。そこから急に気温が下がりますと、凍害で葉が萎れて衰弱してしまうのです。新たな葉が十分出ない場合でも、葉からの蒸散量が十分でないため、幹や枝の樹皮直下を通る水分量が減ることになります。すると幹や枝の樹皮が夏場の強い日差しで高温になり、細胞が死んでしまいます(I章でもご紹介したこの「幹焼け」は、夏期の強剪定後ばかりでなく、冬期の強剪定後、翌春の枝葉の展開が不足すれば、同じように起こります)。

落ち葉は、堆肥の材料でしたし、さかのぼって竈《かまど》で煮炊きをしていた頃は焚《た》きつけに欠かせませんでした。光熱エネルギーが石油やガス、電気に変わって幾世代か経ちましたので、大切な資源という感覚がなくなってしまったのかもしれません。紅葉や落葉を季節の風情として味わいながら掃除する心も薄らいでしまったのでしょうか。酸素を供給しながら緑陰をもたらしてくれた葉に感謝する気持ちにまではならなくても、毎朝、落ち葉を掃除していると、小中学生が挨拶してくれ、何とも心豊かな気分になるのですが。

落ち葉掃除をする「お互いさま」の気持ちが期待できないとすれば、東京・中野区で一九七八年に制定された「中野区みどりの保護と育成に関する条例」のように「落葉受忍」を制度化する方法もあります。同条例第八条二項には、「区民は、あまねくみどりの効用を享受する者として、……所有者等の管理が及ばない落葉については、これを受忍しなければならない」と明記されているのです。

「年をとって落ち葉掃除が大変になったので、落ち葉の少ない樹種に変えてほしい」という要望も近年多くなっているようです。ただ、落ち葉が少ない樹種は前述したように緑陰が期待できません。それでは、ますます長く、暑くなる夏が耐えられなくなってしまいます。高齢化して落ち葉清掃が大変なのは、掃除されている方が一部に限られているからで、道路管理者の支援のほか、地域社会として取り組む視点が大事になってくると思います。

また、害虫のほか、ムクドリ対策で街路樹が強く剪定されているケースもあります。ムクドリがねぐらにしていた河原の広葉樹林や人家周りの竹林などが減ったため、人通りの多い街路樹に集まるようになりました。その鳴き声や糞に苦情が出たことから、街路樹を強剪定し、ネットで覆うなどしているのです。

ムクドリ対策で駅近くのケヤキがぶつ切りされた結果、鳥たちが近くのソメイヨシノに移動し、結局、解決へとつながらなかった事例を見たことがあります。ムクドリはどこかにねぐらを求めますので、基本的には本来の場所であった広葉樹林や竹林などを保全することが課題といえます。

3　緑の地域史をふり返る

「地方より願いをこめて」――豊橋市での実践

さて、諸外国に比べて強剪定が一般的な近年の日本の街路樹ですが、昔からそうだったわけではありません。少なくとも戦前の東京ではII-7の行幸《ぎょうこう》通りにみるように、のびのびとした街路樹が維持されていました。

当時は苗圃《びょうほ》で街路樹苗を育て、それを技術職員がみずから植え付けていましたので、管理も、今日のような委託でなく直営です。明治神宮外苑の、聖徳《せいとく》記念絵画館前の四列のイチョウ並木は名所になっていますが、そのイチョウは、第I章で触れた震災復興事業で大きな功績を残した折下吉延《おりしもよしのぶ》さんが圃場《ほじょう》から均質な苗を選び植えたものです。II-8左は、その絵画館前のイチョウで、植栽から一二年後に撮影されました。写真の樹高は五メートル前後ですから、樹高三メートルの苗を植えたとしても、一年で二〇センチ足らずの伸びと考えられます。着実に大きくなっていることは、幹や枝の様子でも窺えます。一二年前の植栽時は樹高に対して植樹帯が広すぎるという印象をもった人もいたでしょう。しかし、一九五二年時点では(同右)、すでに広がった樹冠が土壌を覆っています。このように、街路樹を育てるには長期的視点が必要なのです。

II-7 行幸通りのシダレヤナギ(手前)とイチョウ(奥)(1935 年)

II-8 聖徳記念絵画館前イチョウ街路樹 (左)1935 年 (右)1952 年

手塩にかけて育てた木には愛着が生まれますので、強剪定するわけはありません。また、直営で身近な技術職員が植えた街路樹は、みんなで大事に育てるという意識が共有されます。東京市だった時代、公園課職員は台風が近づくと、沿道の方々に倒伏を防ぐ協力依頼のビラを配布し、台風が過ぎると、職員が上も下もなく街路樹の立て起しに回ったそうです(3)。

東京の街路樹で強く抑制剪定されるようになった時期は明確でありませんが、一九七二年一月発行の雑誌『都市公園』には、愛知県豊橋市の公園緑地課長だった森田欣司さんの「東京よなぜそんなに並木を切るの！——地方より願いをこめて(4)」が掲載されています。そこには「所用で上京する度に不思議に思うことがある。暑い八月の中頃、もうプラタナスの枝が払われて丸ぼうずだ。とところによっては骸骨のようなのもある。コンクリートで固められた東京は、もっともっとみどりを大切にしなければならないのに、何故こんなおろかしい事を毎年くり返すのか理解に苦しむ」とあります。実は、一九七二年にはすでにこのような現象が見られていたというわけです。

森田さんは、専門職員が少なかった豊橋市で、昭和四十年代後半から街路樹の「自然樹形仕立て」を推進し、市の緑化推進に大きく貢献された方です。こうした背景もあって、多くの専門職員のいる東京の街路樹の強い抑制剪定が納得できなかったのだろうと思います。

公害からよみがえった町——宇部市の奮闘

この豊橋市に先駆けて、目を見張る街路樹を育てたのが、山口県の宇部市です。その中心人物・山崎盛司《もりし》さんが宇部市に赴任したのが一九五〇年。イギリスの工業都市マンチェスターを抜いて「世界一の煤塵《ばいじん》の町」ともいわれた宇部を、今度は「ユートピア」とさえ呼ばれる都市へと変えた経緯は、『緑で公害から町がよみがえるまで——宇部市緑化二〇年の記録』[5]に描かれています。

山崎さんの宇部市への赴任には、二人の人物が関わっていました。当時の西田文治市長の招聘《しょうへい》で宇部市の緑化顧問に就任されていた、既述の折下吉延さんと、その薫陶《くんとう》を受けた佐藤昌さんです。佐藤さんが、戦前、旧満州・新京の公園課長を務めていた時代、学校を出たての部下だった山崎さんは、現地労働者と一緒に日焼けして、真っ黒になって木を植えていたそうです。戦後は建設省にいた佐藤さんが、折下さんから宇部の緑化を託せる人物の推薦を頼まれ、そこで推したのが山崎さんでした。

戦後間もないころの宇部は、「戦災と降灰で、街路樹一本、公園一つないまったく灰色の町で」、山崎さんは「部下一人いない一人ぼっちの公園係」として、とにかく街路や公園に植える樹木を苗木から育てるための圃場をつくろうと、市の中心部の公園予定地の開墾から始めたそうです。宇部市の常盤公園の設計を依頼されていた折下さんは、しばしば宇部を訪れたようで、山崎さんに「夢は大きく、仕事は着実に」と説いたそうです。また、街路樹は「自然生長仕立て」でのびのび成長させ（前述した豊橋市の「自然樹形仕立て」と剪定方法は同様と考えられますが、小さい木を植えて大きく育てる植栽方法に特徴があります)、一本の街路樹を植えるにも全力を尽くし、植え穴にトラック一台分もの良い土を他から運んで入れる「客土」をすることも教えられたと書かれています。

着任後すぐに、山の木を掘り、根に付いた土が落ちないようにコモ等で巻く「根巻き」をして自動車に積み、苗圃に植える作業を当時の「失業対策人夫」と進めて、一九五一年春から幅員五〇mの常盤通りに街路樹を植え始めたとのこと。直径二m、深さ一・五mの穴を掘ってトラック一台分もの客土をして、「馬鹿なことをするものだ」という声も出ていたところ、そこに親指ほどのヒョロヒョロしたプラタナスやカイヅカイブキを植えると、市民の嘲笑と非難の声は不満となって爆発したそうです。五〇〇〇本近い木は毎日毎夜のように引き抜かれ、折られ、傷つけられてしまいました。そこで、毎晩交替で木を見守って、植え直し・取り替えを行なっていきます。約一年、このような人災と闘った結果、「宇部で木が育つはずがない」という嘲笑が「あんなに一生懸命やっているではないか、いたずらしてはかわいそうだ」という同情に変わり、人々はやがて抜かれた木をそっと植え直してくれるようになったそうです。

山崎さんは次のように自然生長仕立ての効果と要点を述べています。

「昭和四五(一九七〇)年八月、宇部地方を襲った台風九号は、最大風速三三メートルという近年にない大型台風でしたが、一万二千本の街路樹中、倒伏したものは二二〇本で、二・二パーセントに過ぎませんでした。県内他都市の街路樹が剪定整枝して小さく仕立てているにもかかわらず一〇パーセント近く倒れたのに比べ、自然生長仕立てに育てた宇部の街路樹が、風に強いやなぎやプラタナスが多く(約七〇パーセント)、また木の根張りが大きく風に強かったためでありましょう。街路樹も人間の生育と同じように、小さい木を植えて大きく育てるという方法が良策と考えられます」

4　大きな樹冠を維持しているコミュニティ

長期的な視点をもつ江戸川区

現在も、街路樹を大きく育てる取り組みを進めている地域はあります。ここでは東京の自治体を中心に紹介しますが、行政がリーダーシップを発揮してよい仕組みをつくっているところ、あるいは、地域住民の根強い活動や声からボトムアップ式で政策がつくられているところなど、様々なタイプがみられます。

東京都の江戸川区は、都内で最も街路樹が多い区(高木三万五五九五本・二〇一六年四月現在)です。一九七二年にはわずか二四五本でしたが、本数増加に伴って増えた管理業務に対応するため、一九九五年度から独自の管理委託を進め、決して広くはない道路でも最大限の樹冠を維持する努力が重ねられています。

具体的には、一般競争入札で入札額だけをみて発注することによる、管理の「質の低下」を改善するために、二〇〇〇年度からは成績評定を加え、さらに二〇〇七年度からは管理企画提案と金額を総合して受託者を決めるプロポーザル方式にしています。この方式で受託して年間の管理作業が高く評価されると、次年度は「特命随意契約」で受注でき、最大五年間、管理を継続できます。これによって、受託業者は安定した経営を行ない、後継者の育成を図りながら管理技術を維持することも可能になります。また、管理業者は高木から低木、除草、草花管理まですべてを管理し、苦情にも対応しています。包括的な管理者がいることで、沿道の方々との信頼関係が育まれ、区の街路樹担当者は他の業務にも力を注ぐことができます。

丁寧な取り組みには管理費がかかる?

江戸川区の街路樹管理では、街路の状況に合わせた「目標樹形カード」と、受託者と区の担当者がともに参加する見本剪定講習会の取り組みも重要です。目標樹形カードは、歩道の幅員や隣接住宅などを勘案した樹高、枝張り、樹形を図示したカードで、受託業者はこれを参照しながら、明確な目標をもって剪定できます。また、講習会では、同じ路線の街路樹で受託業者が各社一本ずつ見本剪定し、受託者と区の担当者が仕上がりを確認・共有する機会になります。これは、受託者の技

II-9 東京都内の区市の街路樹・植樹帯管理費の比較

区市名 (○多●少)	街路樹 本数	植樹帯 面積㎡	植樹帯 面積/本	管理費(千円) 2013年	 2015年
江戸川区	58,677	344,545	5.9	483,915	635,241
●八王子市	**28,102**	**188,032**	**6.7**	**234,257**	**262,918**
足立区	23,070	104,126	4.5	201,724	229,896
○葛飾区	**11,640**	**81,262**	**7.0**	**235,380**	**248,806**
板橋区	9,167	45,025	4.9	113,106	135,643
○新宿区	**5,455**	**29,627**	**5.4**	**153,487**	**193,949**
○北区	**5,419**	**35,729**	**6.6**	**145,561**	**176,371**
渋谷区	3,279	15,543	4.7	25,055	32,304
目黒区	2,961	19,073	6.4	49,612	47,072
○小金井市	**1,744**	**8,727**	**5.0**	**30,718**	**33,559**
●東村山市	1,700	9,868	5.8	9,584	8,584
○国分寺市	**1,295**	**8,098**	**6.3**	**27,240**	**35,283**

注：江戸川区の2015年管理費には、親水緑道分が加わっている.
出典：東京都造園緑化業協会データをもとに筆者作成.

術向上になると同時に、区の担当者の認識や評価眼を維持することにつながります。

このような取り組みを行なうと管理費がかかるのでは、と懸念する声も出てきそうです。II-9を見てみましょう。東京都内区市の二〇一三年度、二〇一五年度の街路樹管理費を比べたものです。残念ながら街路樹と植樹帯を一括した管理費になっていて、街路樹一本当たりの管理費では比較できませんので、街路樹本数と植樹帯面積の比が四・五〜七・〇の類似した市区を比較しています。○を付した太字の区が比較的高く、●を付した区が低いのですが、江戸川区の管理費は平均的といえ、その規模に比して決してより多くの管理費がかかるわけではないことがわかります。

田園調布――コミュニティの力

行政のイニシアティブが良好な街路樹につながっている江戸川区に対して、地域社会主導のアプローチが見られるのが田園調布です。

よく知られるように、田園調布は、一九一八年に渋澤栄一、矢野恒太らによって設立された「田園都市株式会社」(現・東京急行電鉄株式会社)によって開発された住宅地です。やがて一九二六年発足の住民協議会を経て、同年に住民自治のための恒常的組織として「田園調布会」が組織されました。一九三二年に社団法人、二〇一六年四月からは一般社団法人となり、現会員は約八〇〇名(平成三一年三月現在)で、月六〇〇円の会費を主な資金として運営されています。

このように歴史ある田園調布会ですが、一九八二年には、住民の移動、世代交代、地価高騰、敷地の細分化などへの危機感から『田園調布憲章』を制定し、「環境保全についての申し合わせ」を策定、さらに一九九一年には「田園調布地区地区計画」も策定されています。

田園調布駅から放射状にのびる三本の街路には、現在樹齢約一〇〇年、目通り幹周は一二〇～二〇〇cmのイチョウが枝を伸ばしています。街路は片側一車線、歩道幅約二mで、住宅側では越境を避けるため枝が強く抑制剪定されていますが、車道側では、建築限界をクリアーしながらセンターラインを越えるほど枝が伸び、両側の街路樹で車道をトンネル状に覆うように管理されています(**本章扉写真**)。

車道側に大きく枝を張り、歩道側の枝が短い街路樹では樹木の重心が車道側に偏り、倒れてしまうのでは、と心配する方もいるかもしれません。根は植えますと歩道下に広がっているため力学的にはまったく問題ありません。車道下は、重い車両の通行を支える路盤が六、七〇㎝と厚く、街路樹の根はほとんど入りません。歩道の路盤は一〇㎝程度でその下には根が伸びています。したがって、車道側に偏った樹木を支えるように歩道側に根が伸びているわけです。

田園調布の街路樹の剪定は、年一回、毎年二月頃に行なわれています。剪定作業の日程は、大田区の担当者から田園調布会に伝えられ、田園調布会から毎月二回発行されている回覧板『銀杏だより』を通じて、発注者の大田区担当者、請負者の造園会社担当者の氏名・電話番号も明記のうえで住民に協力が呼びかけられています。長年にわたって同じ請負業者が管理を担当しているため、街路樹一本一本の状態が詳細に記録され、細かい剪定に活かされています。

「環境委員会」が最初の窓口に

住民から街路樹について問題提起や意見のあった場合は、まず、田園調布会に設置されている環境委員会で話し合われ、そのうえで区に連絡することになっています。環境委員会で話し合うのは、第三者の立場から客観的に判断するためとのことです。また、区の判断で生育不良のイチョウを伐採・植え替えする場合も区と田園調布会で話し合い、会の理解を得て進められます。さらに、画期的なのは沿道住民が街路樹に関わる要望を区役所に寄せた場合、田園調布会に連絡しましたか、と区の担当者が対応し、個別の苦情に区が直接対応しない仕組みができていることです。

歩道の落ち葉清掃は、街路沿いの住民が担当し、田園調布会は沿道住民にほうきやちりとりを貸し出しています。車道の落ち葉は、区委託の清掃業者が年間を通して週一回清掃し、一一月中旬から一二月中旬のイチョウの落葉期にはさらに週一回、住民が集めた落ち葉を清掃車で回収していま す。このような道路清掃作業の年間予定表も田園調布会を通して住民に周知されますので、住民は清掃車の回収日にあわせて落ち葉を入れたごみ袋を街路樹の根元に置いています。

みゆき通り——熱い思いの力

田園調布がコミュニティの力で良好な街路樹や街並みが保たれているのに対して、個人・グループの熱い思いが街路樹を改善しつつあるのが、表参道近くのみゆき通りです。

先ほど街路樹診断について述べたみゆき通りのエンジュ街路樹は、二〇一一年までは毎年二回強剪定されていました。さかのぼって二〇〇三年には、沿道四町会から落ち葉や花殻《がら》(咲き終わって萎れた花)の清掃が大変ということでエンジュから常緑のクロガネモチに植え替えてほしいという要望が道路管理者の東京都第一建設事務所に出され、樹勢の悪いエンジュが徐々に植え替えられていました。ところが、クロガネモチの街路樹が少しずつ増えてくるにつれて違和感を覚えた方々が、

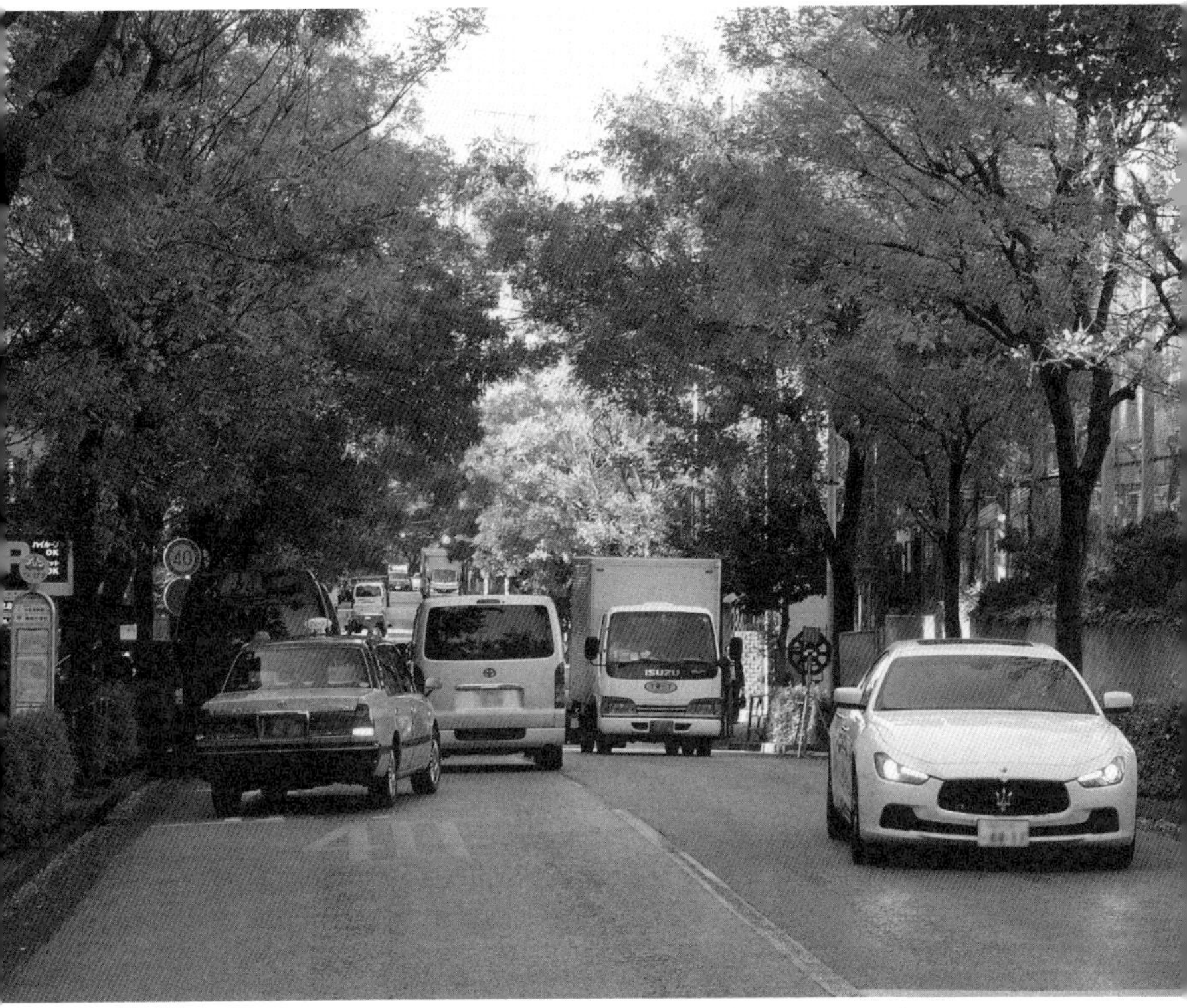

II-10　みゆき通りのエンジュ街路樹（2016 年 11 月）

二〇一二年一月に「エンジュを守る会」を結成し、エンジュの保護育成、さらにクロガネモチではなくエンジュの更新を第一建設事務所に要望したのです。

二〇一二年以降は、沿道側の越境枝以外はほとんど剪定されていませんので、約六年経ったいま、大きく枝葉が伸びて緑豊かな街並みに変わっています(前頁II-10)。ただ、花殻や落ち葉に対する苦情が皆無になったわけではありません。「守る会」の方々は住民から苦情があると、ほうきをもって掃除をして理解を得ようと努力されています。

現在は、長年の強剪定によって腐朽が進んだ樹木の樹勢回復と、強剪定によって発生した枯れ枝の剪定、クロガネモチをエンジュに戻すことなどが課題となっています。

仙台市――四〇年にも及ぶ「連携」

東京にかぎらず、日本の各地にすばらしい街路樹、そしてそれを育んできた地域があります。II-11の宮城県仙台市のケヤキ街路樹を快適に感じるのはなぜでしょうか。具体的に考えてみると、樹冠が大きく広がっていて、弱っている木が見られないこと、枯れ枝もなく幹や枝の途中から胴吹きがないこと、そして植えますが大きく、わずかな土壌に木を押し込めていないこと――そうした理由が挙げられるように思います。

イチョウも同様です(八二頁II-12)。短く切り詰められた枝から細かい枝がたくさん出て隙間の

II-11　仙台市のケヤキ街路樹（2018年9月）

ないイチョウに見慣れた目には清々しく映ります。枝と枝の間に隙間があれば、一本一本に光が当たりますので枝が健康に育ちます。また、沿道を通行する方々にとっては、透けた空から木漏れ日が差し込み、ほどよい明るさのもと、枝の間を抜けてくる風を感じられるでしょう。

II-13は、剪定後四、五年経った状態です。枝葉が茂り、車道や歩道が暗くなってきています。仙台市では、四、五年に一回、混んだ枝や越境しそうな長い枝を付け根で切って、近くの短い枝を伸ばすようにする剪定をしています。II-12と比べると、両者の違いがよくわかると思います（なお、剪定後四、五年の間、まったく放置しているというわけではなく、枯れ枝や越境枝などは毎年確認のうえ剪定しています）。

仙台市では、四〇年以上前に街路樹担当の技術職員と宮城県造園建設業協会、さらに市内造園会社が

II-12　剪定半年後のイチョウの街路樹（仙台市，2018 年 9 月）

II-13　剪定後 4, 5 年経ったイチョウ街路樹（仙台市，2018 年 9 月）

一緒になって年二回、夏期と冬期の剪定講習会を開催するようになり、その蓄積が今日の街路樹の姿につながっています。剪定講習会は他の自治体でも行なわれていますが、仙台市の特徴は、市の技術職員が地下足袋を履いて木に登り、見本剪定にあたっていることです。街路樹管理者自ら木に登って見本剪定できるのは仙台市だけでしょう。木に登ると、枝の伸び方がよくわかりますし、剪定の経験からその後の枝の伸び方も実感をもって理解できるようになります。職員が見本を示しながら剪定方法を指示し、結果を評価できるのは同市の大きな強みといえます。

5　無電柱化・歩道拡幅のための伐採はやむを得ないか

近年の伐採・移植の動き

最近、東京都内をはじめ、日本の各地で大きく育った街路樹が伐採され始め、近隣地域の反発によりストップがかかるという事態がみられます。ここからは、街路樹をめぐる近年の行政の動きを見ておきたいと思います。

伐採が行なわれる原因の一つに、「電線地中化」があります。街路樹のすぐ下や近接した場所に管を埋設する、あるいは、現存する街路樹を移植しても樹勢回復が望めないなどの理由で、伐採して埋設工事を行ない、その後、新たな街路樹を植栽するという計画が出てきています。

電線の地中化では、既存街路樹の根をできるだけ切らないように、また工事後新たに植える木の根域を確保できるように、埋設位置を車道の端を原則にする必要があります。なぜなら、先述のとおり車道下は路盤が厚いため、車道端から五〇cm前後に植栽されている街路樹でも根は車道下にはほとんど伸びられないからです（六三頁II－6参照）。街路樹の根は植えます・植樹帯と歩道下に扇型に張っています。そこで、木の近くに電線を埋設しようとすれば、太根を切断することになり、既存街路樹はもとより新規街路樹の生育も阻害してしまうことになります。

一方、車道端に電線を地下埋設すれば、既存街路樹はそのままで工事を進めることができます。その場合でも、車道端から店舗や住宅等への引き込み線の埋設位置は、木と木の中間くらいにする必要があるでしょう。

ところが、現在の電線地中化は、ほとんど歩道下で進められています。既設の道路では車道端に排水溝があり、それが使用されていると下に電線を埋設しにくいというのが理由です。それでは、歩道下での地中化工事で、街路樹への影響が少なくなるようにするにはどうすればよいでしょうか？

考えられるのは、深く埋設するか、あるいは、街路樹から遠い民地側にするかです。深く埋設する場合、工事費が増え、工事期間も長くなるということで、国土交通省は無電柱化を推進するため、二〇一六年四月から基準を緩和して浅い位置での埋設位置を可能にした(「電線等の埋設物に関する設置基準(改正)」)経緯があります。

一方の民地側にはガス管や水道管、下水管などが埋設されていることが多いので、結果的に歩道が狭いと、街路樹近くが選ばれているようです。しかし、それでは、根は道路と平行するようにベルト状に伸びることになり、道路と直交する横からの風に耐える根が十分張れず、倒れやすくなりますし、十分な成長が望めません。狭い歩道では車道側にも枝を広げにくくなります。少なくとも広い歩道では、水道管、ガス管、下水管、電線を民地側に寄せて埋設し、街路樹の根域を広く確保できるようにする必要があるでしょう。

歩道拡幅のための街路樹伐採

電線地中化のほかには、歩道の拡幅や段差解消、あるいは自転車レーンの設置などの工事に伴って、既存街路樹を伐採・移植するという計画もあります。

たとえば、東京都千代田区の外堀通りのお茶の水交差点からJR御茶ノ水駅前を経て駿河台下にいたる明大通りで、歩道の拡幅と段差解消、車道の遮熱性舗装化を目的として、既存のプラタナス街路樹を伐採・移植し、コブシの一種(マグノリア・ワダスメモリー)に樹種を変えるという計画があります。

千代田区の計画図をみると、全長六三五ｍのうち杏雲堂病院付近の約二〇〇ｍは歩道幅員を四ｍから四・二五ｍに広げ、残りの駿河台交差点付近は三・四ｍを五ｍに広げるとされています。(6) 杏雲堂病院付近は現状より歩道が車道側に二五㎝広がるだけですから、車道だった部分の路盤を歩道用の薄い路盤に変えて、その下に根が伸びる土壌にすれば、現況の街路樹をより大きく育てることができたはずです。

II-14は、ほぼ同じ場所で工事前後の様子を比較した写真です。明大通りの景観は大きく変わりました。遮熱性舗装は、白っぽい舗装によって日射を反射させ、路面の温度上昇を抑えています。しかし、そうやって反射した光は歩行者や周りの建物へと向かうことになります。実際、天気の良い日中に遮熱性舗装の横の歩道を歩きますと、日傘を差していても眩しく感じます。さらに問題なのは、街路樹の土壌が従前の植樹帯(II-15左)から植えます(同右)に縮小されてしまったことです。これでは、街路樹は健全に育ちません。明治大学の前から駿河台交差点付近まででは、まだ工事が行われていませんので、計画を見直して、杏雲堂病院付近の失敗を繰り返さないようにしなければならないと考えます。

また、この明大通りの計画を担当する方々は、枝葉が広がるプラタナスではなく、広がらないコブシの一種が街路樹に適していると判断しているようです。しかし、温暖化とヒートアイランド現象で耐えられないような暑さになっていることを考慮するなら、大きな緑陰が効果的です。

II-14　明大通り（東京医科歯科大学方向）
（上）工事前
2017 年 6 月
（下）工事後
2018 年 9 月

II-15　明大通りの街路樹の土壌
（左）整備前の植樹帯
（右）整備後の植えます

そもそも、明大通り沿いの杏雲堂病院は一八八一年に設立され、医学の祖ヒポクラテスにちなんでプラタナスが選ばれたという話があります。古代ギリシャの時代、ヒポクラテスはプラタナスの大樹の下、弟子たちに医学を教えたといわれ、事実、多くの医学部キャンパスにはプラタナスが植栽されています。

こうした由来のプラタナスは、この場所に数十年も生育してきて、この界隈のシンボルにもなっているのですから、既存樹木を活かす整備を行なってゆくべきでしょう。街路樹は成長する社会資本ですので、それを守り育てることを基本にした計画を立てなければなりません。

「木の高齢化」は本当か?

なお、このような整備では既存の街路樹の移植がよく検討されます。しかし、植えます内や歩道下に張った多くの根を切ることになり、樹木にとってのダメージは決して小さくありません。やはり既存樹木をそのまま活かす方向を模索するべきだと思います。

一方、道路構造が大幅に変わるために移植せざるを得ない場合は、移植の可否を判断しなければなりません。この時、根鉢《ねばち》(移植する時、根と土を密着させるように麻布やコモで巻いたもの。一般的に根鉢上部は幹の根元直径の四倍くらいの円形になります)を大きく確保できないことを理由に「移植不可」と判断されている事例がよく見られます。多くの街路樹は、残念なことに強く剪定されてきていますから、剪定によって太根の発達が抑制され、根元近くに多くの細根が出ています。したがって、街路樹ほど強く剪定されてはいない、他の樹木移植の場合で必要な根回し[7]ができなくても、また一般的な根鉢の大きさが確保できなかったとしても、移植できる木が多いのです。さらに、掘り取ってすぐに植え付けるということであれば、ほとんどの樹木は活着します。既存街路樹の移植の可否を判断する場合は、一般的な根鉢より小さくても可能なことを踏まえ、移植先を至近にして適期に掘り取り、すぐに植え付ける計画を立てることが大切です。

　近年の伐採の理由として、街路樹の「高齢化」も指摘されています。しかし、イチョウは樹齢数百年という木もざらにありますし、イチョウに比べて寿命の短いプラタナスやユリノキも、たとえば新宿御苑の大木のように百数十年経っても元気です。ソメイヨシノもよく四、五〇年が寿命といわれますが、百年を優に超えている木もたくさんあります。このように見ますと、植栽後わずか四、五〇年で「高齢化」と見なすのは適当ではありません。

　正確には、強剪定や植栽地盤の悪さなどによって健全な成育ができないために老化しているのです。言うなれば、「若年老化」です。酷い土壌に植えられて強く剪定されれば生きようがありません。強剪定を止めれば樹勢が回復することは、みゆき通りのエンジュで見たとおりです(本章五九頁)。街路樹の「高齢化」「老朽化」が云々されたときは、土壌や剪定に問題がないか、ぜひ確認してほしいと思います。

職員の育成・技術の継承をめぐって

「ぶつ切り」に代表される強剪定と管理予算削減の関係については既にお話ししてきました。予算削減が街路樹のありように大きな影響を与えているのは事実ですが、仙台市のように、四、五年に一回の剪定でも良好な街路樹が維持されている例もあります。建築限界以下の枝は付け根で切り、建築限界以上の枝は切り詰めずに伸ばし、一本一本の枝に光が当たるように枝抜き剪定をする――こうした剪定方法は、長い時間をかけて仙台市の街路樹担当者と受託業者が剪定講習会を重ねてきた結果といえます。本章の締めくくりとして、こうした街路樹担当者と剪定受託者の連携の重要性について強調しておきたいと思います。

両者の連携がいかに街路樹を変えるかということは、実は、同じ仙台市内で剪定頻度も同じでありながら、国道事務所管理のイチョウでは強剪定が繰り返されていることからも明らかです。あるいは、街路樹担当者と受託業者の連携を、剪定講習会に加えて発注制度でも維持しているのが江戸川区です。

先に、街路樹担当者の多くは土木技術者であり、剪定方法の細かい指示を出したり、丁寧な評価を行なったりするよう期待するのは難しく、他方で、剪定の受託者である緑の専門家も、予算の制約等で、なかなか適切な剪定を行なえる環境が確保されていないという状況を説明しました。受託者である街路樹剪定士の数は約一万三〇〇〇人以上にのぼりますが、それでも強剪定がなかなか改善できないのは、発注者である街路樹担当者の方針そのものに大きな課題があるためでしょう。その意味で、街路樹担当者と受託業者の連携で要となるのは、前者の担当者といえます。

戦後、緑豊かな都市へと生まれ変わった宇部市や豊橋市においても、その推進者が退職して数十年を経た現在、街路樹再生が課題になっています。宇部市の山崎さんや豊橋市の森田さんの頃とは違って、近年の街路樹担当者の在任期間は通常二、三年ですので、街路樹に関わる知識や意欲を培《つちか》うのは容易でありません。剪定の良し悪しを評価する能力はもとより、街路樹が果たしている多くの役割を十分認識したうえで――さらに、日々寄せられる苦情や意見に対応しながら、受託業者に剪定方法を指示したり、予算確保を図ったりするのは大変な仕事です。その結果、たとえ強剪定であっても前例にならう発注を繰り返すことになっているのではないでしょうか。

鍵となる「街路樹管理基準」

ここで注目したいのが、街路樹担当者の仕事を支える仕組みの一つであるはずの「街路樹管理基準」です。たとえば、東京都の「街路樹等維持標準仕様書(緑地管理編)平成二五(二〇一三)年四月」では「不定芽の原因となる「ぶつ切り」等は原則として行わないこと」と明記されています。確かに、都道では太い切り口が残るような「ぶつ切り」は少ないのですが、樹形を強く抑制する強剪定は歩車道とも広い道路でもよく見られ、その結果として、建築限界以下に少なからず胴吹きが発生しています。

実は、その原因も、管理基準であるはずのこの仕様書の記載にあります。

そこには、「頂部の樹勢が強い樹木の生育特性をふまえ、上方は強く、下方は弱く剪定すること」と書かれています。しかし、樹冠上部を強く抑制剪定すると、建築限界以下も含めて幹に多くの胴吹きが発生して交通障害になりますし、広い車道に十分な緑陰が展開できません。

ぶつ切りが一般的に見られる国道ではどうでしょうか。国道事務所が管理している直轄国道の維持管理基準には、次のような記述があります（「国が管理する一般国道および高速自動車国道の維持管理基準（案）　平成二五年四月」）。

剪定は、植樹帯及び中央分離帯の植栽の繁茂により建築限界内に障害が発生することを防止するとともに、通行車両からの視認性の確保や沿道環境の向上等のため、管内の植栽管理全体について以下の頻度を目安として実施するものとする。

高木、中低木：三年に一回程度　ただし、樹種による生長速度の違いや樹木の配置等を踏まえ、適切な頻度を設定するものとする。

寄植：一年に一回程度

剪定の実施にあたっては、強剪定のみによらず、沿道環境との調和等に配慮し、適切な剪定方法を選定するものとする（傍点筆者）

つまり、直轄国道の街路樹では、強剪定が基本になってしまっているということです。様々なリスクをもたらす原因となっている、こうした管理基準自体を改める必要があるといえるでしょう。

「決断」を迫られる街路樹担当者

しかし、たとえば先ほどの東京都の仕様書でも、さすがに、落ち葉を減らすための夏期剪定を推奨しているわけではありません（夏期剪定〔軽剪定〕については、「冬期剪定とは本質的に異なる剪定で、外観的な樹冠の整正、込み過ぎによる障害の防止、台風等の強風の風圧低減などのため、止むを得ず行うものであり、樹種の特性等に応じた適切な剪定方法により行うこと」とされています。〔　〕内筆者）。

それにもかかわらず、実態として問題の剪定が多く見られるのは、現場担当者が苦渋の判断を迫られてのことでしょう。現状の強い抑制剪定を改め、可能なかぎり自然な樹形を維持するようにするうえでに課題を背負うのは、落ち葉の苦情の矢面に立つ、各自治体の建設事務所の街路樹担当者です。

こうした状況を改善し、現場担当者が苦情対応だけに追われず、街路樹の機能をまっとうする管理に専念できるようにするためには、前述した田園調布のような仕組みを構築していくことが一案です。あるいは、たとえばニューヨーク市のように、受け付けられる要望を広報し、透明化するという仕組みも考えられます。そうすれば、個別の要望にたいして、担当者によって違いが生じるという事態も減らすことができます。

厳しい街路樹管理体制においても、地域社会主導で良好な街路樹が維持されてきたコミュニティがいくつも存在するのは事実です。とはいえ、地域社会や沿道住民のグループの主導を待っているだけでは、多くの都市の強剪定は改善できません。このことに関してはⅣ章でさらに二〇二〇年の東京五輪での「樹冠拡大」をキーワードに、要となる官公庁の街路樹管理体制を変えてゆくための道筋を考えます。

---

(1) 細野哲央・三島孔明・藤井英二郎(二〇〇五)「道路空間における植栽との接触事故の裁判例にみる管理者の責任と植栽管理内容の関係」『ランドスケープ研究』六八(五)、四八九―四九四頁、日本造園学会。細野哲央・藤井英二郎(二〇〇七)「沿道樹木の安全管理」『グリーン・エージ』三四(四)、九―一三頁、日本緑化センター。細野哲央(二〇一三)「街路樹の倒伏・枝折れに伴う道路利用者被害の実態

と管理上の課題」『グリーン・エージ』四〇(八)、二七―三〇頁、日本緑化センター。
(2) 東京都建設局公園緑地部(二〇一四)『街路樹診断マニュアル』。
(3) 林次郎(一九八〇)『東京の並木道』東京都公園文庫、郷学舎。
(4) 森田欣司(一九七二)「東京よなぜそんなに並木を切るの!――地方より願いをこめて」『都市公園』七七号、東京都公園協会発行。
(5) 上田芳枝・山崎盛司(一九七一)『緑で公害から町がよみがえるまで――宇部市緑化二〇年の記録』、カンデラ書館。
(6) 神田駿河台地域まちづくり協議会「明大通りの整備について(街路樹関係など)」(二〇一六年一一月一六日付)。
(7) 根回しは、移植の一、二年前に根鉢の外周より少し内側で太い根を「環状剝皮《はくひ》」(太根の木部を残して樹皮をリング状に剝ぎ根元側に残った師部から供給される光合成産物によって発根させる方法のこと)して埋め戻し、環状剝皮した根元側に細根を発生させてから、根鉢外側に伸びる太根を切って、根鉢をつくることです。

第III章　枝を見る　木を知る

クスノキの根張り

1　身近な緑と顔見知りになる

どこを見て判断する？――葉・幹・枝

ここまで、街路樹の歴史や基本的な役割、また街路樹に関わる人たちや管理の課題についてお話ししてきました。本章では、具体的な木の姿をクローズアップして見てみます。

どの木も同じように見えると、季節による変化も、生育場所による違いもわかりません。人と同じで、木と顔見知りになると、細かな変化や違いにも気がつくようになります。

顔見知りになるためには、まず、他の木と区別することです。目の前の木が隣の木と同じ種類かどうか、見極めるときにわかりやすいのは葉の形で、具体的には、大きさや葉の縁のギザギザ（鋸《きょ》歯《し》）の有無などのポイントがあります。葉の大きさを比べるとき、一本の木でも大小がありますので、平均的な大きさの葉で比べてください。同じ木であれば大小はあっても葉の形は似ていて、ほとんど相似形といえます。

Ⅲ‐1を見てみましょう。日本の街路樹で最も多いイチョウは、幅七、八㎝の扇形で縁に狭い切れ込みがあります。そして、葉に葉脈という筋がありますが、それが葉柄（葉の平たく広がった部分と

III-1　いろいろな街路樹の葉

枝をつないで支えている部分)から放射状に扇形の葉につながっているのも特徴です。

ケヤキの葉は、大きさが様々ですが、柄の部分以外の緑色の部分(葉身《ようしん》)の長さが七、八cmのものが多いかと思います。卵形で先端が細長く尖っています。また、葉の縁に鋸歯があります。イチョウの葉脈とは違い、柄から葉の先端に真っ直ぐ伸びた主脈があり、そこから魚の骨のような側脈が両側に伸びて鋸歯につながっています。

ケヤキの側脈は主脈の左右でずれていますが、ハナミズキの側脈は左右同じ位置から両側に弧を描くように葉先に向かい、主脈に対して左右対称です。鋸歯もありません。プラタナス(モミジバスズカケノキ)[1]は、葉が一〇cm四方くらいで、葉身は真ん中と左右に大きく山型に尖ったところ(裂《れっ》片《ぺん》)があり、それに鋸歯がいくつか付いています。それに対して、葉の大きさがほぼ同じユリノキは、真ん中が平たく、左右の出っ張りも鈍角で先が尖っていません。ユリノキの葉は半纏《はんてん》を広げたように見えますので、半纏木《ハンテンボク》とも呼ばれます。

街路樹の背が高くて、手が届くところに葉がない場合は、幹で区別します(Ⅲ-2)。イチョウは、コルク状の厚い樹皮に縦溝があります。ケヤキは、若木のときは白っぽいのですが、太くなると褐色の樹皮が所々剝がれたようになります。ソメイヨシノは、横筋のある樹皮が特徴的で、横筋は皮目という空気が出入りする割れ目です。プラタナスは、白っぽい部分と黄土色の部分が大きな斑《まだら》模様になっていて、樹皮に皺がなく、平滑です。一方、ユリノキは細かい縦筋があり、黒っぽく見え

イチョウ

ケヤキ

ソメイヨシノ

プラタナス
（モミジバスズカケノキ）

ユリノキ

III–2　いろいろな幹

ます。なお、大気汚染が酷かった頃は、幹にタールや埃《ほこり》が付いて黒ずんでいましたが、車の性能がよくなって以前のような煤《すす》けた幹は少なくなりました。

イチョウ、ケヤキ、プラタナス、ユリノキはどれも落葉樹で、晩秋から早春までは葉がありません。葉がないときに見分けるポイントは、**Ⅲ–3**のように、幹のほかに枝の出方があります。枝の出方は葉の出方と同じで、葉が互い違いの互生《ごせい》であれば、枝も互生ですし、葉が一カ所から二枚出ている対生《たいせい》では、枝も対生です。ただし、太い枝では片方が大きく伸びて、もう一方が細いことが多いため、互生のように見える場合もあります。枝先の細い枝で確認してみると対生を区別しやすいでしょう。前述したイチョウ、ケヤキ、プラタナス、ユリノキは互生ですが、トウカエデやハナミズキは対生です。

もう一つ、葉や枝の互生、対生を見分けようとして少し混乱する可能性があるのがイチョウやトウカエデなどでみられる短枝です。樹木は葉を出すときに枝も伸ばす長枝を基本としていますが、イチョウやトウカエデには長枝の他に、枝をほとんど伸ばさずに葉が付く短枝もあります。**Ⅲ–4**はいずれもイチョウの枝です。短枝は、一カ所から何枚もの葉が出ているようにみえます(**同上**)。芽と芽の間が長いのが長枝、芽と芽が詰まって短いのが短枝です(**同下**)。

どうしてこのようになっているのでしょうか。木は、枝を伸ばさないと葉と葉が重なって光が当たりにくくなりますし、枝を広げないと他の植物との競争にも勝てません。その一方、枝はほとん

互生：ケヤキ

対生：トウカエデ

互生：ソメイヨシノ

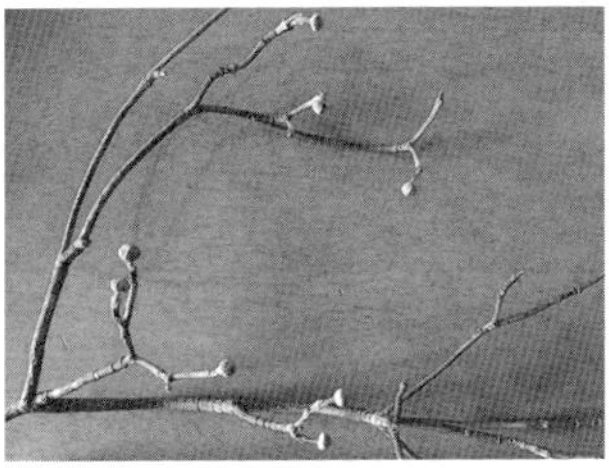

対生：ハナミズキ

III-3　枝の出方もいろいろ

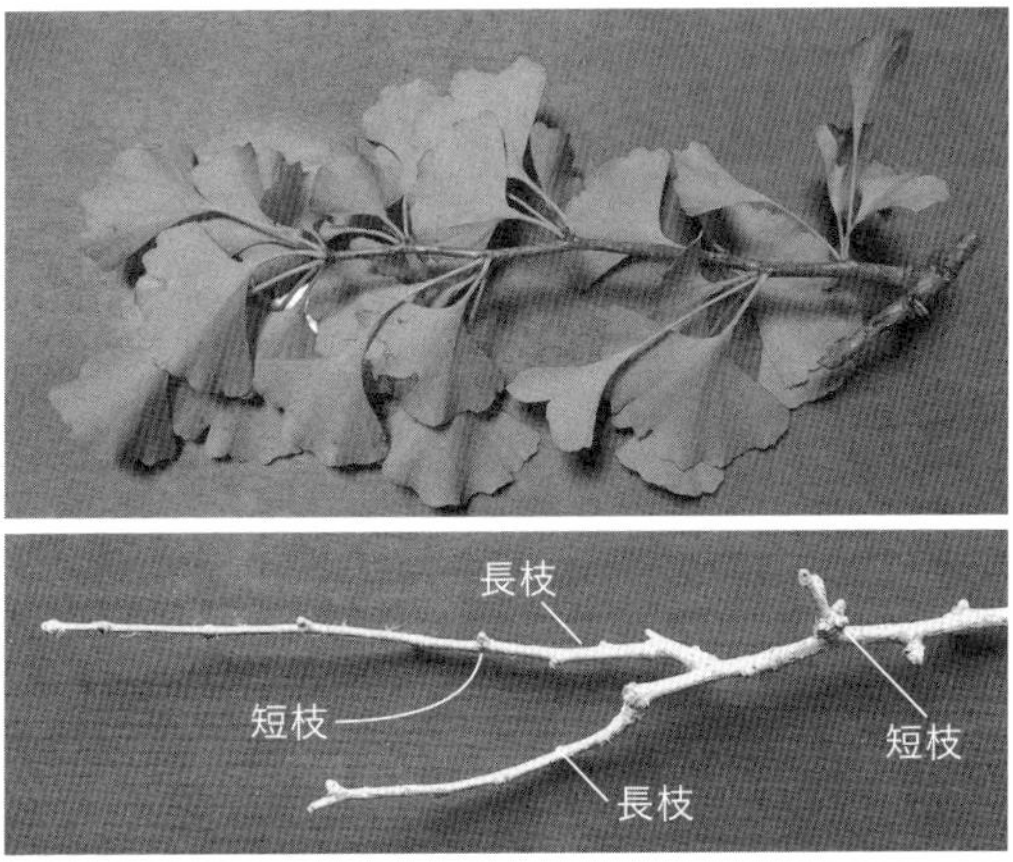

III-4　イチョウの長枝と短枝

ど光合成をしないため、枝を伸ばさずに葉が出せるのは効率的といえます。このように長枝に加えて短枝ももっている樹種は環境に合わせて臨機応変に枝や葉の出し方を変えることができ、適応力が高いのです。

枝先に目を向ける――どんなふうに伸びているか

枝の伸び方は、葉や幹と並んで、木と顔見知りになるためのポイントといえます。枝の伸び方がわかると、その木がこれまでどのように育ってきたか、生い立ちを探れるようにもなりますし、その健康状態を診ることもできます。

木の枝は、一般的に幹の先端がもっともよく伸び、続いて上部の枝先、下部の枝先の順で成長し、日当たりの悪い樹冠内部の枝はあまり伸びません。ただ、このような伸び方は樹種や樹齢、樹勢、日当たりや土壌などにより変わります。

幹の先端が枝先に比べて際立ってよく伸びる樹種は、円錐形の樹形になりますが、若木（**III-5左**）から成木（**同右**）、老木になるにつれ、円錐の先端が丸みを帯びてきます。**III-6**のケヤキの場合を見てみましょう。両脇にあるのが成木ですが、樹冠上部は何本もの枝が扇形に開き、幹がわからなくなっています。中央にある若木は成長が旺盛で、よく伸びる枝がところどころにあり、扇形の樹冠輪郭部がでこぼこしています。成木になると、どの枝もあまり伸びず樹冠輪郭部に細かい枝が

III–5　ユリノキの樹形　若木(左)と成木(右)

III–6　ケヤキの若木と成木の樹形

多くなって凹凸がなくなります。

枝をさらに細かく見てみましょう。どの枝も中心の頂枝がもっともよく伸び、そこから横に出た側枝はあまり伸びません。その側枝にも中心の頂枝があり、そこから出た側枝があります。**Ⅲ-7上**は簡単に図解したものですが、幹から出た一次枝があり、その主軸が頂枝、そこから分岐した側枝が二次枝で、二次枝がさらに枝分かれして三次枝、さらに四次枝……と続きます。

このように、樹形は枝分かれの繰り返しといえますが、伸び方はそう単純ではありません。ポイントは、一次枝から分岐した二次枝の伸び方です(**同下**)。幹と一次枝の角度が鋭角で斜め上に伸びている場合(斜上枝)の二次枝(矢印参照)は、幹に近い側(腹側)ではあまり伸びず、幹から遠い側(背側)がよく伸びます。ところが、一次枝の角度が鈍角で水平に近い場合(水平枝)は、二次枝は腹側がよく伸びて、背側はほとんど伸びません。

このような原則を頭に入れておけば、木の成長の仕方を読み解いて、個々の木の状態や剪定の時期・内容もわかるようになってきます。

落葉樹と常緑樹

これまで述べた種類はすべて落葉樹で、一年のうち、葉が付いていないときが数カ月あります。植物が光合成をするのに欠かせないのが、ご存じのとおり光、二酸化炭素、水です。ところが気温

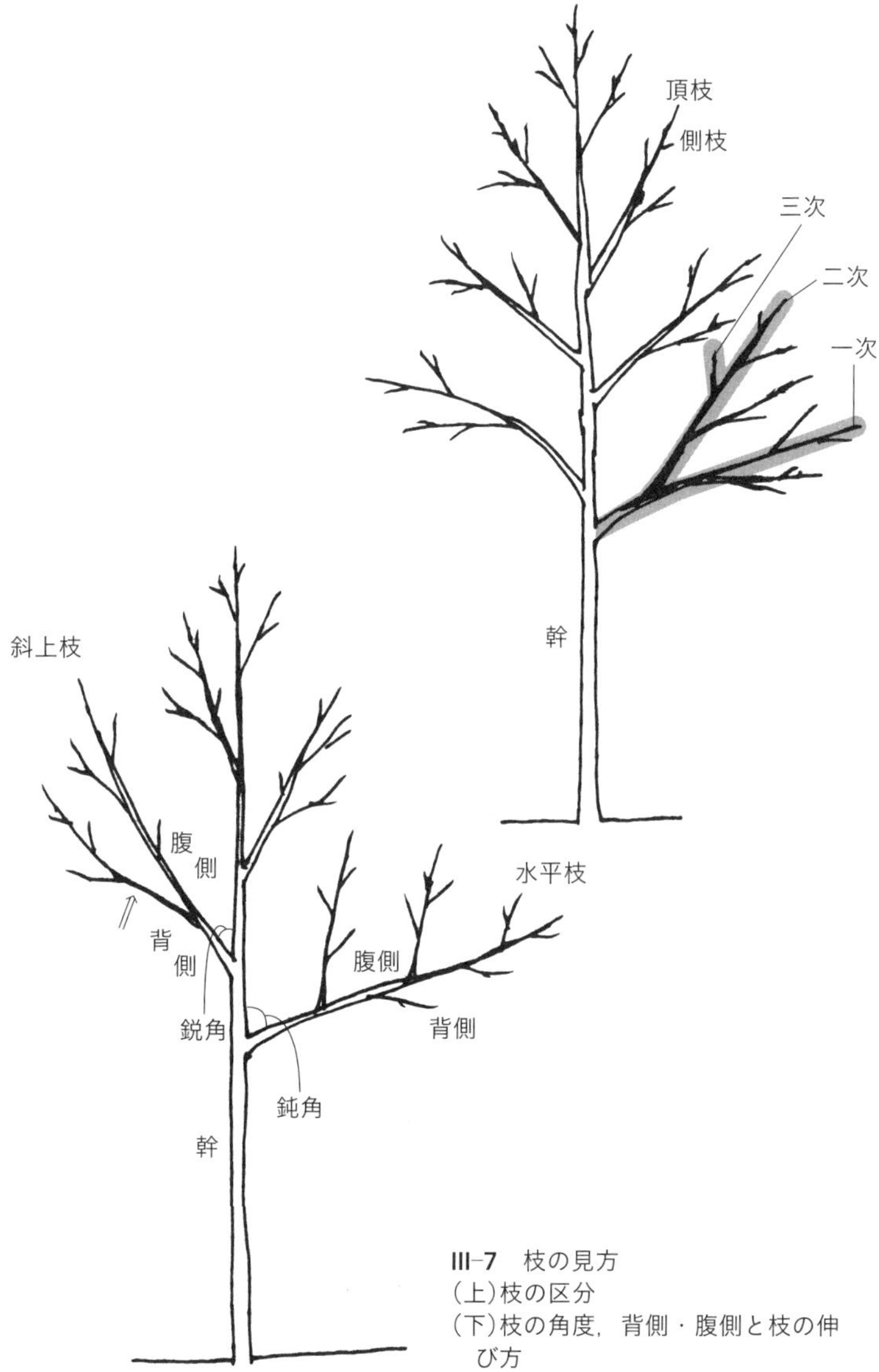

III-7 枝の見方
(上)枝の区分
(下)枝の角度，背側・腹側と枝の伸び方

が五度前後になると、日本の落葉樹は光合成ができなくなります。「日本の」と書きましたが、海外には気温が高くても水が不足して落葉する種類もあります。日本は降水量が多いので、気温が下がって落葉する落葉樹があるわけです。

一方、年間を通して葉が付いている常緑樹は落葉しないのでしょうか。そうではありません。たとえば、クスノキは四月に明るい緑の葉を出しますが、その後、それまで付いていた古い葉を一斉に落とします。常緑樹の葉が何年くらい付いているかというと、シラカシやマテバシイなどはおよそ二、三年です。一本の常緑樹の葉は、一見したところ、どれも同じような印象ですが、細かく見ると、枝の先端に一年目の葉、その下の古い枝に二年目、さらに三年目の葉が付いていて、通常は古い葉から段々落ちていくわけです。Ⅲ-8で、常緑広葉樹であるマテバシイの前年枝(二年枝)と当年枝(一年枝)を確認してみてください。前年枝の伸びが止まると先端にいくつかの芽が付きます。その芽が翌年伸びたのが当年枝の三本の枝です。たとえば街を歩いていて、古い葉がほとんどなく新しい葉ばかりの常緑樹がありましたら、元気のない状態といえます。

防火植栽に適した樹種も

常緑広葉樹の街路樹で多いのは、クスノキ、クロガネモチ、シラカシ、マテバシイ、ヤマモモなどです(一一一頁Ⅲ-9)。クスノキは、鹿児島県始良《あいら》市の蒲生《かもう》八幡《はちまん》神社境内の木が日本で最も太い

III-8　マテバシイの枝

(目通り幹周二四・二m)と認定され、寿命も長く、大きく育ちます。若木は一年で五、六〇cmは伸び、成長が早いのですが、街路樹では環境の制約で剪定しなければならないことが多いため、やはり成長のペースは遅くなります。クスノキは、日本自生の木で、本来の分布域は関東地方西南部より南ですが、近年は温暖化で関東地方北部の植栽地でも実生《みしょう》(種子から発芽した植物)が育つようになっています。

クロガネモチも本来、関東西南部より南に自生し、静岡県より西南の地域で庭木としてよく植えられてきた種類でした。近年は関東地方でも街路樹として植えられています。葉は長さ七、八cmの幅広の卵形で鋸歯がありません。長さ二cmほどの葉柄に赤みがあるのが特徴で、雌木《めぎ》には秋から春まで赤い実がたくさん付きます。Ⅱ章でご紹介したみゆき通りでエンジュに替えて植えられていたのがこのクロガネモチですが、枝の伸びが一年に二〇cm前後と少なく剪定する必要がないことから、街路樹として近年増えています。

シラカシとマテバシイは、東北地方南部から九州まで分布する照葉樹林の代表的構成種です。葉の表面に光沢のあるクチクラ層(2)が発達してテカテカした葉の樹種が多いため、「照葉」と呼ばれ、シラカシは内陸部、マテバシイは海岸部の樹林を構成する高木です。シラカシよりマテバシイのほうが潮風に強いため、海岸埋立地の街路樹に植えられます。両樹種ともに日陰でも光合成できる葉であり、ビルの北側でも生育できますし、樹冠内部の枝葉もほとんど枯れません。シラカシの葉は

クスノキ　シラカシ　ヤマモモ　マテバシイ　クロガネモチ

III-9　街路樹にみられる常緑広葉樹の葉

アカマツ　クロマツ　ヒマラヤスギ

III-10　街路樹にみられる針葉樹の葉

長さ一〇cm前後で細長く、浅い鋸歯があります。マテバシイは、長さ一五cm前後あって、葉柄のほうから先端に向かって広くなり、先端で急に狭まって尖りますが、鋸歯はありません。

シラカシは関東地方で広く防風垣として使われてきたことからわかりますように、剪定すると密な枝振りになります。マテバシイも剪定に強い木ですが、葉が厚く密生することから、震災や大火に備えた防火植栽に適しています。

これまで述べた種類は、すべて葉が広い広葉樹です。一方、針のような葉の針葉樹にも常緑樹と落葉樹があります。**Ⅲ–10**(前頁)で、街路樹にみられる針葉樹を紹介していますが、常緑針葉樹は、アカマツやクロマツ、ヒマラヤスギ、また北海道の街路樹に多いアカエゾマツなどで、落葉針葉樹はカラマツ、メタセコイヤ、ラクウショウなどです。

プラタナスはなぜ減っている?

落葉樹の街路樹で多いのは、イチョウ、サクラ類、ケヤキで、近年はハナミズキが増え、プラタナスが減ってきています。樹高が高く、剪定に費用がかかるためですが、ヒートアイランド現象の激化を考えれば、プラタナスの大きな緑陰効果は魅力的と考えます。これまでの抑制剪定中心の管理から樹冠を大きくする管理に切り替えれば、費用を抑えながら緑陰を大きく広げることができます。

歩車道とも広いところに植える緑陰樹としては、ケヤキやユリノキも魅力的です。ケヤキは日本自生で、シャンペングラスのような美しい樹形をしています。建築限界もクリアーしやすく、枯れ枝を毎年剪定すればよいだけで管理も容易です。歩車道がそれほど広くない街路にはアオギリ、エンジュが優れています。いずれも現状は強く抑制剪定された木がほとんどのため、良さが実感しづらいかもしれませんが、アオギリは粗い枝振りに大きな葉(一四八頁**Ⅳ-8**参照)、エンジュは細かい枝振りと複葉(一枚の葉が何枚もの小さい葉でできています)で明るい木陰(七九頁**Ⅱ-10**)が魅力的です。

2　木の「自然な姿」とは？

自然樹形を知っていますか——ふたつのイチョウの姿

自然に育った木の形が、これまで何度か言及してきた「自然樹形」です。

日本で最も多い街路樹のイチョウの自然樹形は、**Ⅲ-11**(一一五頁)の左の木のように、下のほうの枝から上のほうの枝まで斜め上に伸び、樹形全体としては卵形で、樹形の先端部は尖っていません。これでは、下の枝が建築限界をクリアーできませんので、下枝は早い段階で付け根から切除する必要があります。右側のイチョウは、一般的な抑制剪定樹形です。下の枝を長く、上のほうの枝は段々短くなるように剪定され、樹形全体としては縦長の円錐形になっています。このような剪定では、樹冠内部に胴吹きが多くなり一本一本の枝に陽が当たりませんので、不健康な枝が多くなります。

一般的な円錐形樹形の上部の枝をさらに短く剪定して幹を針のように尖らした樹形が、現在の明治神宮外苑のイチョウ並木の樹形です（Ⅲ‒12）。樹冠上部、とりわけ針のように尖った先端部の幹や枝にはたくさんの胴吹きが出ています。一方、Ⅲ‒13は、下枝を切除して上部の枝は自然に伸ばした横浜・日本大通りの街路樹です。これらを比べると、自然樹形と円錐形樹形の違いがよくわかります。

歩車道とも広ければ、日本大通りのような自然樹形で、建築限界以下と枯れ枝だけ切除すれば問題ありません。枝を自然に伸ばすと歩道幅員を超えて民地に越境してしまう場合は、長い枝を付け根から切るか、枝を短く切り詰める管理が必要になります。

Ⅱ章で紹介した仙台市では、そのように枝を短くした歩道側と揃えるように車道側も枝を短くし、さらに上部の枝が幹先端に向かって段々短くなるようにしているわけです（八二頁Ⅱ‒12）。車道に緑陰を広げるため車道側を歩道側に合わせず長く維持しているのが田園調布です（Ⅱ章扉写真）。

III–11　自然樹形のイチョウ（左側）と一般的な抑制剪定樹形（右側）

III–12　聖徳記念絵画館前のイチョウの樹形（2017 年 5 月）

III–13　横浜・日本大通りのイチョウの樹形

サクラの寿命は何歳くらい？

二番目に多いサクラ類を代表するソメイヨシノの自然樹形は、下枝が大きく横に伸び、樹形は横長です（Ⅲ‐14）。街路樹としては下枝が交通障害になり得るため、早い段階で付け根から下枝を切らなければならないのですが、時期を逸してしまうと、太くなってから切ることになります。太枝が切られると樹勢は大きな影響を受け、サクラ類は傷口が腐りやすい樹種ですので、寿命を短くしてしまいます。Ⅲ‐15は、靖国通り（東京都千代田区）の良好な樹形のソメイヨシノの街路樹です。車道側、歩道側で支障になる枝を細いうちに切れば、このような美しい樹形を維持することができます。なお、よくソメイヨシノの寿命は四、五〇年くらいと言われますが、それは環境が悪かったり、太枝が切断されたり、根が傷つけられたりした樹木の話です。良い環境のもと育っていれば、樹齢は一〇〇年を優に超えます。

三番目に多いケヤキの自然樹形は、三、四m伸びた幹から枝が斜め上に放射状に伸び、Ⅲ‐6（一〇五頁）の例のとおり、先端に向かって枝分かれを繰り返して細くなります。このため建築限界をクリアーしやすく、電線がない道路であれば、自然樹形が維持できます。

「自然生長仕立て」とは

さまざまな条件、制約のもとに植えられた街路樹では、自然樹形のまま維持できる木はほとんど

III–14　ソメイヨシノの自然樹形（千葉・成田市）

III–15　靖国通りのソメイヨシノ街路樹

ないといえます。そこで考えられたのが、Ⅱ章で紹介した折下吉延《おりしもよしのぶ》さんが神宮外苑や多くの震災復興街路で進め、それを宇部市で実践した山崎盛司《もりし》さんの「自然生長仕立て」です。

自然生長仕立ての要点を山崎さんは次のように述べています。[3]

「整枝剪定や夏季剪定・冬季剪定を原則として行なわず、街路樹の生育をできるかぎり自然の生長にまかせるという方法です。ただ、樹木の若木の時代と台風時に、交通障害や暴風《ママ》対策として整枝・剪定を行なったり、間引き(ふところ枝など)剪定を行なうことがあります」[4]

そして、自然生長仕立ての植栽上の要点として、①客土と施肥《せひ》(元肥)を十分行なう、②小さい木を植えて大きく育てる、③植栽後三〜四年間は施肥(腐葉土、堆厩肥《たいきゅうひ》などの有機物)を行なう、④植栽後三〜四年間は毎年剪定し、木の型を整える、⑤一都市一樹種が理想であるが、風害や公害に強い樹種四〜五樹種に限定する、⑥植栽後移転移植は行なわない、⑦下枝の高さは植栽後三〜四年で二・五m、七〜八年で三・五m以上とする――としています。

このうち、⑤以外は今日でも十分活かしてよい要点だと思います。一都市一樹種というのは、おそらく都市の個性を考えてのことでしょうが、実際には台地や低地、歩道幅員の違いなどがあり、一樹種では対応できません。公害に強い樹種というのも、塵埃《じんあい》や大気汚染が酷かった戦後間もない頃の状況を反映していると考えられます。近年であれば、大気汚染より温暖化やヒートアイランド現象に耐える樹種を選ぶ必要性が高まっています。

3　街路樹の周りはどうなっているか

「支柱」が放置されてしまうと

街路樹の状態を知るためには、しばしば、その周りにある環境にも目を向ける必要があります。

I章で紹介した欧米、中国、韓国の街路樹では、植えて間もない樹木は別として、支柱はあまり目に付きません。活着して根が太くなり、倒れなくなると外されているからです。ところが、日本の街路樹では**III-16左**(次頁)のように、植栽後一〇年以上も経っているのにそのままの支柱がよく見られます。**同右**のトウカエデも、植栽後相当の年数が経って根張りが発達しており、支柱はもう必要ありません。

植え付けた樹木はぐらぐらしていると活着しませんし、強い風でも倒れないように太い根が張るまでは、支柱が必要です。ただ、不要になった支柱を放置すると、幹の肥大に伴って支柱が幹に食い込んで、折れたり、腐朽する危険性が増してしまいます。

ユリノキの苗木で根の成長について調べたある実験結果によれば、木が風で揺れることで支持根《しじこん》が張るようになり、必要以上に支柱を用いることは、かえって支持根の展開を阻害することがわか

Ⅲ-16　支柱

りました(5)。したがって、支持根が張った街路樹の支柱は撤去する必要がありますし、また据え付け型の金属製支柱も適切ではありません(Ⅲ-17)。

街路樹の支柱は、鳥居形支柱に添え木を幹に当てたもの(Ⅲ-16右)が一般的です。しかし、こうした地上支柱は歩行動線を妨げ、景観的にも好ましくないとして、二五年ほど前から歩行者の多い都心部では、地下支柱が使われています。

地下支柱には様々な種類がありますが、木を移植するときに、根と土を密着させた根鉢を地中で動かないようにしている点は共通しています。具体的には、井桁状や同心円状の金具(Ⅲ-18上)と根鉢をベルトや金属製バックル、ワイヤーなどを使って締め付けるもの(同下)が多く使われています。幹元のベルトが、幹の肥大に伴って食い込んでしまい問題になったことから、近年では、土壌中で分解する生分解性ベルトを使った地下支柱も開発されています。

しかし、分解しない古いタイプが使われている木も少なくあり

III–17　金属製支柱と幹への食い込み

III–18　地下支柱の一例

III–19　ソメイヨシノ　（A）樹形，（B）根株の腐朽，（C）腐朽した根鉢

ません。地下支柱を使って植えられた木は、しばしば根鉢が周りの地面より低く植えられ、根鉢上部には根元保護板(八七頁Ⅱ-15右、一五九頁Ⅳ-17右下参照)が設置されているために、幹元のベルトや金属製バックル、ワイヤーなどの状態が地上から確認できないことも問題だと思います。

たとえば、一見したところ正常な枝葉をしているソメイヨシノの街路樹(前頁Ⅲ-19A)でも、地下支柱のバックルが根鉢上部の幹に食い込んで、心材を腐朽するベッコウタケが発生していました。**同B**はそのソメイヨシノを伐採した根株で、幹内部の「赤身」と呼ばれる心材が腐朽しています。地下支柱によって腐朽した元の根鉢(**同C**)をみると、写真中央のヒトデ型の太い根が元の根鉢で、植栽後、かなり成長してから地下支柱が食い込んで腐朽した経過が窺えます。この腐朽は、幹の上部にも広がっていました。

こうしたリスクを踏まえて、分解するベルトを使っていても金具、ワイヤーなどでできた地下支柱の使用は、慎重に検討しなければなりません。あわせて、既に地下支柱が使われている樹木については早急に現状を確認・調査し、適切な措置をとる必要があります。

根元でわかる根の張り方と土壌の深さ

支柱のさらに下、街路樹の根元をこれまでご覧になったことはありますか。幹は、上から下に向かって段々と太くなりますが、そのままあまり太くならずに地面に接している木もあれば(Ⅲ-

20A)、幹元がスカート状に広がっている木(同B)、片側だけ裾が広がっている木(同C)など様々です。

このように幹元の広がった部分を「根張り」と言いますが、根張りは、根の張り方、さらには土壌の違いを反映しています。

III-21は、根元に盛土をされて、土がかぶった幹から新たな根が伸びているケヤキです。このような「二段根」の状態になると、多くの場合、樹冠上部の葉が小さくなり、枝が段々枯れ下がってきて、木全体がじわじわと衰弱してしまいます。

盛土されておらず、根張りのあまりない木は、根が深く張っていると考えられる一方、スカート

III-20　イチョウ街路樹（田園調布）

III-21　ケヤキの根元（札幌市）

状の根張りがみられる木は、根が浅く広がっていると考えられます。江戸川区の親水公園には、人工地盤上にクスノキが植えられていま す(**本章扉写真**)。土壌が一m強しかないため、根が浅く伸び、根張りが大きく広がっていることがよくわかります。歩道の縁石や舗装を持ち上げる「根上がり」は、**III-22**のように根が深く張れないで、根張りが顕著な方向で起こることが多いのです。

根張りと根の張り方は土壌に関わり、さらには樹形に影響します。関東と関西のケヤキにも、違いがあるのをご存知でしょうか。関東のケヤキは関東ロームと呼ばれる深い土壌に根を張っていて、根張りがあまり見られません。一方、関西のマサ土と呼ばれる花崗岩の風化土壌は浅いため根を深く下ろせず、根張りが発達しています。根が深く張ると幹は高く伸びますが、根が浅いと、下枝が低く横に広がります。関東のケヤキは樹高が高くて下枝が高いため幹が長いのですが、関西のケヤキは樹高も下枝も低いため、ずんぐりした樹形になる傾向があります。

III-22　イチョウの根上がり（田園調布）

東京駅のイチョウ――近くにあるのに、違うのはなぜ？

同様の根張りの違いは、東京駅丸の内口の行幸《ぎょうこう》通りのイチョウでも見られます(**III-23**)。駅前近

III–23　樹形の異なるイチョウ

くの内(写真右)側二列の木は、下に地下街がある関係で、土壌の深さ一・五mの人工地盤に植わっています。それに対して、外(写真左)側二列の土壌は人工地盤ではなく、根が深くまで伸びられる環境です。内側(右側)のイチョウは、植栽後八年経っていて一度も剪定されていませんので、横に長く枝が伸びているのですが、幹の先端部は極端に枝が短く、伸びていないことがわかると思います。それに対して、外側(左側)のイチョウは、剪定されてはいるのですが、幹は高く伸びています。

内側二列の、つまり人工地盤上のイチョウのうち、東京駅に近い一本の幹は先端から枯れ下がっていたために、二〇一七年三月に植え替えられました。掘り上げられた根をよく見ると、植え付け時の根鉢から横方向には直径七cm前後の太い根が何本も出ていたのですが、鉢下には細い根だけで太根は伸びていませんでした。イチョウは通常、幹からまっすぐ下に「垂下根《すいかこん》」と呼ばれる太い根が伸びます。しかし、その太根が見られなかったのです。原因としては土壌が浅いことに加えて、鉢下三〇cmほどにあった地下支柱の鉄板の影響も考えられます。いずれにしても、垂下根が十分伸びないために、幹が伸びず、枝が横に長く伸びるようになったわけです。

土壌が浅い場所でもう一つ気をつけなければならないのが先述した根上がりです。近くの木に比べて根張りが発達している街路樹の近くで歩道がわずかに盛り上がってきたら、すぐに縁石や舗装下に浅く伸びて太くなり始めている根を切り、周辺の土壌に小さな垂直の穴を深さ一mくらいまでたくさん空けて、そこに炭などを入れる対策が必要です。こうすることで深くまで根が伸びるようになり、根上がりが抑制できます。歩道が大きく盛り上がってから、歩道を平らにしようとすると、根張り部分や太い根を切らなければならなくなり、木にとって大きなダメージになってしまいます。

都市の土壌

大都市では、建物や道路、地下鉄などの工事でもともとの地形が削られたり、あるいは低地に盛土されたりすることがよくありますし、上下水道や電線の地下埋設、道路補修などでも掘削や埋め戻しが頻繁に行なわれます。

歩道や車道での工事は、通行量の少ない夜間に進められることが多いため、あまり実感がもてないかもしれません。しかし、歩道の掘削工事では、街路樹の太い根がバックホーなどの重機で断ち切られることがあります(次頁Ⅲ-24)。破断した太い根は鋸で切り戻して、切り口に防腐剤を塗る必要があります。こうした処置によって切り口の周辺部から発根し、腐朽菌の侵入を防げるようになります。

現状では、工事現場に街路樹の根の手当てができる技術者が立ち会うことはまったくというほどありません。破断した根を適切に手当てできる技術者の立会いを原則化する必要があると思います。

様々な工事での掘削、埋め戻しの結果、都市の土壌には、養分に富んだ表土がなくなり、粘土や礫《れき》、コンクリートガラなどが混在して、樹木の生育に向かない土になっています。大きな粘土の塊

III-24　ソメイヨシノの破断された根(東京・国立市)

III-25　カツラ街路樹の土壌(千葉・我孫子市)

や礫が残っていると、根は十分に伸びられません。また、コンクリートガラは根の伸長を物理的に阻害すると同時に、その石灰分によって土壌がアルカリ化するため、酸性土壌の日本に生育する多くの樹種にとって良くありません。

　街路樹の植えますや植樹帯の土はただでさえ踏みつけられていますが、工事で大小の重機が用いられると、土壌はいっそう締め固まってしまいます。踏みつけによって土壌が堅く締まるのは地表約一〇cm下までが著しく[6]、そうした状況を緩和してくれるのが落ち葉や草本です。落ち葉は踏みつけに対してクッションになりますし、ダンゴムシやミミズなどによって細かくされたあと、さらに微生物や菌類によって細分化・無機化されて、III-25のカツラ街路樹の植樹帯のように、土壌をふかふかにします。草本、特に雑草は堅くなった土壌でも根を張り、一年生草本であれば毎年、茎と葉、根が枯れ、それらが分解されて土壌が柔らかくなります。植えますや植樹帯にたまった落ち葉はできるかぎり残し、雑草も背が高くなるものは別として上手に活かすほうが得策です。

豊かな土壌が樹高をささえる

また、市街地で街路樹を植える場合は、良い土壌を他からもってきて植えますや植樹帯の土を入れ替えなければなりません。ここで大切なことは、街路樹を植える植え穴周りだけ良い土壌を入れても、その外側の土壌が悪ければ、根は植え穴から外に伸びず、鉢植えと同じ状態になってしまうということです。根詰まりが起きて少し日照りが続くとすぐに乾燥害が生じますし、植え穴の下に堅く締め固まった土壌がある場合は、水が溜まって根腐れも起きてしまいます。

よく樹木の根は樹冠の広がりと同じ範囲に広がっていると理解している人が多いのですが、これまでの調査結果によれば、高木の根は樹冠の一・五倍くらいまでは広がっています(7)。街路樹では植えますや植樹帯内はもとより、歩道下にも根は広がっているということです。植えますや植樹帯内に加えて、歩道下の土壌にも根が伸びられなければ、健全に育ちませんし、強風で倒れやすくなってしまいます。

現在、樹高が一〇mを超え、幹の直径が三〇cm以上の太さになっている街路樹の多くは、歩道下も含めて土壌がよいところです。ところが、近年再整備された道路では、生育の悪い街路樹が少なくありません。植えますや植樹帯の外側に根が伸びられないような土になっているにもかかわらず、多くの場合、植え穴部分だけに客土して植栽されているからです。数十年後までの木の成長を見越して、樹木の生育に適さない土壌を改良しなければなりません。

紅葉しない落葉樹

都市では、一二月になっても紅葉しないで緑のままの落葉樹を見かけることがあります。落葉樹は、気温が下がってきますと、紅葉し、やがて葉を落とす準備にかかります。Ⅱ章でも触れたように紅葉は、低温や乾燥など樹木が生育しにくい期間に向けた木の対応で、葉が紅葉し始めるのと並行して葉で生産された光合成産物を枝や幹、根に環流しています。ところが、街路樹のように街灯や周辺のビルに近い樹木では、夜間でも明るいため紅葉せず、緑の葉のままのものが見られます(これはすべての樹種ではなく、主にプラタナス類、フウ類、ユリノキ、シダレヤナギなどで、ケヤキやイチョウ等は影響を受けません)。こうした緑の葉は、さらに温度が下がると凍害で葉が萎れてしまいます。すると、生産された光合成産物が枝や幹などに戻らずに葉が枯れてしまうため、樹勢も弱っていきます。

樹の姿が物語るもの

さて、葉の形や付き方、樹皮、枝の伸び方を知って木と顔見知りになると、剪定された「跡」も見え、それが執拗に繰り返されてできる「瘤」のメッセージが聞こえてくるようになります。自然な樹形は合理的で、無駄な伸び方はしません。植えられた環境に合わせて枝を伸ばしながら大きくなり、成木になると樹形はほぼ一定になります。

繰り返しお話ししてきましたように、街路樹は、すぐ近くを人や車が通りますので、多くの場合、その下枝を切らなければなりません。あるいは、通りに面した商店や住宅に枝がかからないように、短く切らざるを得ないこともあります。こうした「人間の都合」を聞いてもらうには、「木の論理」にも耳を傾けなければならないと思います。「ぶつ切り」は人の都合の押しつけで、瘤、胴吹き、蘖《ひこばえ》は、押しつけに対する木の抵抗といえます。強行と抵抗の繰り返しは、人にとっても木にとっても不幸な状況ではありませんか。

木は、人には見えない土壌の状態も物語っています。土壌が浅ければ、下枝が低くなり、樹高が高くなりません。根が浅く広がって、根張りが発達します。また、根上がりも木の訴えであり、その声に応じて、根が深く伸びられるようにすれば良いのです。あるいは、根が縦にも横にも伸びられなければ葉が小さくなり、根が詰まっていることを知らせてくれます。

木が発しているメッセージや悲鳴が人の耳に届かなくなっている典型が、支柱が食い込んだ幹であり、地下支柱が食い込んだ幹元や根張りなのです。

（1）プラタナスは属名で、モミジバスズカケノキは種名です。日本の街路樹にはこの種類が多く、他にスズカケノキ、アメリカスズカケノキがあります。
（2）葉の表面の蠟のような層で、細胞を保護し、葉内の水分が蒸発して萎れるのを防いでいます。
（3）Ⅱ章の注5に同じ。
（4）樹冠内部の枝で、日当たりが良くないことが多いため衰弱して枯れやすいのですが、樹冠輪郭部まで伸びている枝を健康に保つためにはふところ枝も健全に維持する必要があります。つまり、ふところ枝にも光が当たるように枝の間隔を空ける必要があります。ふところ枝は、長い枝を短く切り詰めたり、短い枝に切り替える時になくてはならない枝です。
（5）海老根晶子・藤井英二郎・三島孔明（二〇〇二）「ユリノキの生育に及ぼす風の影響と支柱の効果に関する実験的研究」『ランドスケープ研究』六五（五）、四七五―四七八頁、日本造園学会。
（6）寺島悦子・藤井英二郎・三島孔明（一九九九）「ケヤキ幼齢木の根系に及ぼす踏圧の影響に関する実験的研究」『千葉大学園芸学部学術報告』五三、八五―九二頁、同（二〇〇二）「ケヤキ幼齢木の生長に及ぼす踏圧の影響に関する実験的研究」『ランドスケープ研究』六五（五）、四七九―四八二頁、日本造園学会。
（7）藤井英二郎・安蒜俊比古・浅野二郎・今西良共・斉藤健・田名網真一・土屋彰彦（一九八五）「造園樹木の根系の形態に関する研究――イヌマキ、モクレン、サンゴジュについて」『千葉大学園芸学部学術報告』三六、一一九―一二六頁。

第Ⅳ章
東京五輪マラソンコースを歩く

内堀通り皇居外苑

1　喫緊の課題は「暑さ対策」

「クールスポット」への期待

二〇二〇年七月下旬から八月九日まで東京オリンピック、八月二五日から九月六日まで東京パラリンピックが開催されます。一九六四年の東京オリンピックは一〇月でしたが、今度は最も暑い時期に行なわれますので、その対策が大きな課題となっています。とりわけマラソンについては、日本医師会などから暑さ対策を求める意見が出され、いちど発表された午前七時からさらに早まって六時開始とする方針とのことです。早朝とはいえ、夏の日差しの下、路上を走るマラソン競技においては、ランナーはもとより、競技関係者・ボランティア、沿道で応援する方々の熱中症が心配です。

日中、直射日光が当たると道路面は五〇度を超え、沿道に建物が建ち並ぶ東京では、建物からの輻射熱も身体にこたえます。真夏には、陸地に比べて温度が低い東京湾からの海風に期待したいところですが、高層ビルが風道を塞いでしまっています。

そうしたヒートアイランド・東京でクールスポットとして期待できるのは、やはり水と緑です。

マラソンコース近くの皇居外堀、内堀は、少なくとも会期中はできるかぎり水位を高くして冷気を供給してもらいたいところです。また、緑については、まず樹冠の大きな高木で直射日光を遮り、大きな木陰をつくる必要があります。Ⅰ章で実験結果を紹介しましたように、木陰の路面温度は、陽が当たっているところに比べて約二〇度も低くなります。現在、工事の進んでいる「遮熱性舗装」による路面温度低減は約一〇度ですから、木陰にすることで二倍下がることになります。しかも、現存する街路樹の樹冠を大きくすれば良いわけで、遮熱性舗装に替えるより、はるかに少ない費用で暑さ対策が可能です。体感温度には直射日光が大きく影響するため、街路樹の木陰で日差しを遮れば、ランナーも沿道の人々も、暑さがしのぎやすくなるでしょう。

日射のほかに、体感温度を左右するのが湿度と風です。日本の夏の暑さが熱帯以上といわれるのは、この湿度の高さが原因です。湿度が高いと、汗が気化しにくいので、汗が体にまとわりついて体温が下がりません。暑さ対策として、霧(ミスト)や送風も考えられているようですが、マラソンコースは何といっても長距離です。設備費が巨額になりますし、あまりにも人工的な対応では、開催理念として掲げられたサステナビリティにふさわしくありません。そこで、街路樹の木陰を大きくしたうえで、霧吹きや扇風機を備えた「お涼み所」を点在させるのが効果的だと考えます。

二〇二〇年に間に合うか？

さて、マラソンコースとなっている都道と国道を管理する東京都と国土交通省東京国道事務所では、暑さ対策として、先に述べた遮熱性舗装と緑陰形成の主にふたつを検討しています。このうち、遮熱性舗装は着々と整備されているのに対して、緑陰形成は、東京都で街路樹の樹冠を大きくする政策が二〇一七年から実行されているにもかかわらず、思うように進んでいない現状があります。それはなぜなのでしょうか。

そこで、本章ではまず、都道で進められている樹冠拡大の実態をもとに課題を整理し、実際のマラソンコースを見ていくポイントを押さえたいと思います。

都の計画の進行を具体的に見てみましょう。**Ⅳ-1**は、外堀通りの日本銀行前のプラタナスです。二〇一六年に樹冠拡大剪定ではない従前の剪定がなされたのち、二〇一七年春から七月まで枝葉が伸びています。

車道側の建築限界がクリアーできていないうえに、強剪定によって胴吹きや蘖《ひこばえ》が出て、樹冠が鬱《うっ》蒼《そう》としているのがわかると思います。そこで、同年七月七日の樹冠拡大剪定では、胴吹きや蘖が切除され、それまでは切除されていなかった建築限界以下の比較的太い枝も、付け根から切除されました（**Ⅳ-2A**）。建築限界以上の枝については、大半の枝先をつないだ「樹冠ライン」から飛び出た枝が切り詰め剪定され、樹冠内部の枝はほとんどそのまま残されています。

IV–1　樹冠拡大剪定前のプラタナス，建築限界以下の胴吹き

IV–2　樹冠拡大剪定後のプラタナス
A：2017 年 7 月 7 日　B：2017 年 7 月 24 日
C：2017 年 9 月 27 日　D：2018 年 11 月 16 日

さて、**同B**は、七月七日の剪定後、一七日が経った七月二四日の状態です。樹冠全体に枝が伸びて樹冠が一回り大きくなっています。七月は旺盛に伸びる時期ですので、二週間あまりでもはっきりと樹冠が大きくなります。**同C**は、さらに約二カ月が経過した九月二七日の状態です。樹冠がさらに大きくなり、その中から明るい緑の葉が付いた枝が飛び抜けて伸びています。

プラタナスやユリノキなどでは、通常、多くの枝は四月から成長して六月の梅雨時に伸びが止まり、七月以降は、樹冠の輪郭部に達している枝の主軸だけが九月半ばまでにもう一度伸びます。この伸びは、夏の土用の時期ですので、よく土用芽《どようめ》と呼ばれています。

プラタナスの枝は一〇月になるとほとんど伸びませんので、この**C**が二〇一七年中に達成できた樹冠の大きさといえます。**同D**は、さらに一年余経った二〇一八年一一月一六日の状態です。この間、二〇一八年一月一〇日に後述する冬期剪定が、七月一〇日に夏期剪定が行なわれています。二〇一七年九月の樹冠よりもう一回り大きくなっているといえるでしょう。

木はもっと大きくなる

このように見てくると、樹冠拡大計画により、プラタナスは着実に成長したと思われるかもしれません。もちろん、少しずつでも樹冠が大きくなっているのは歓迎すべきことです。しかし、より大きな発想の転換が求められている、ということをあえて指摘したいと思います。

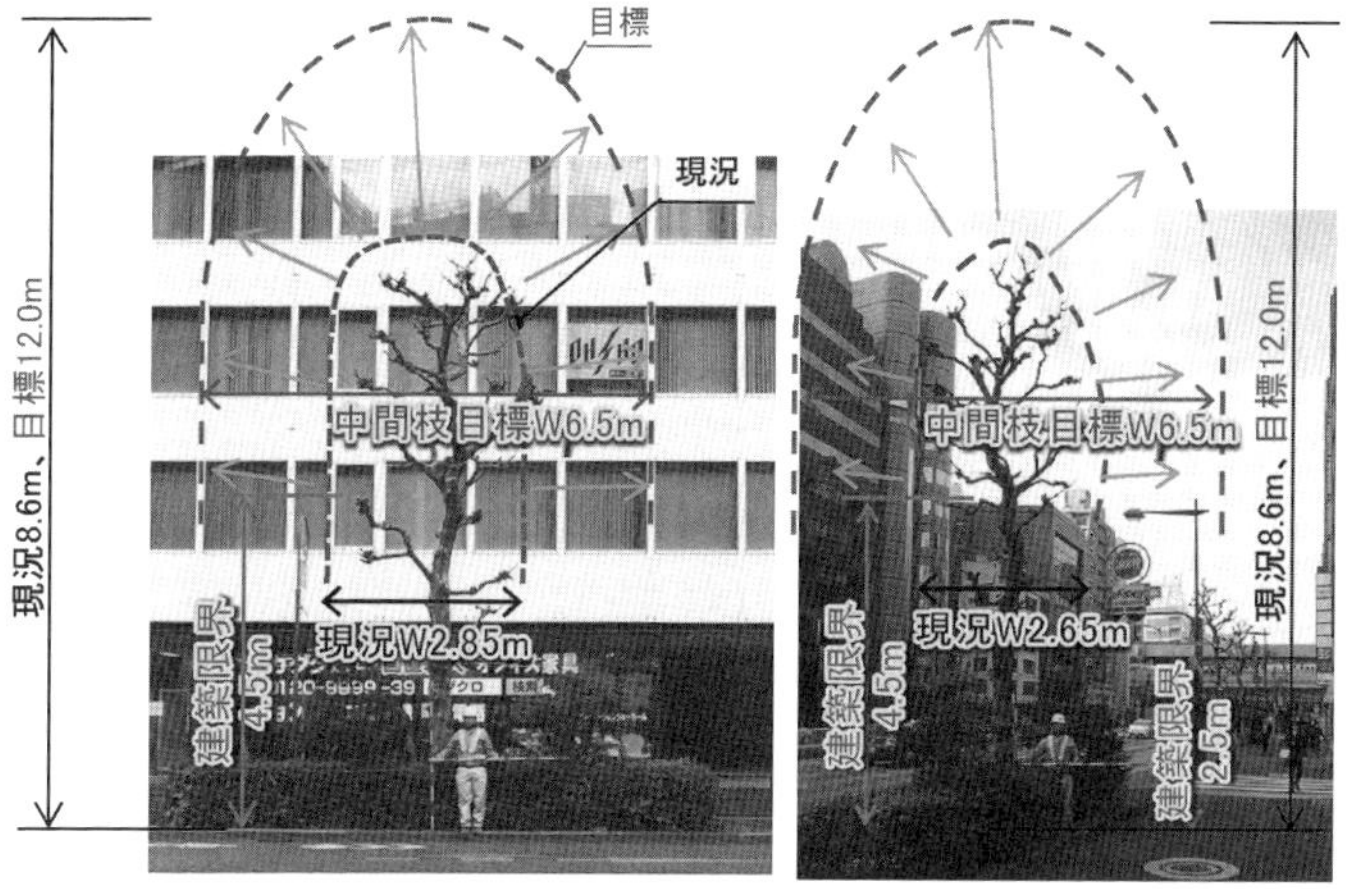

縦断方向の写真　　横断方向の写真

IV–3　2016年度から検討が始まった東京都の樹冠拡大計画

東京都の樹冠拡大計画では、二〇二〇年の「目標樹形」として、「樹高一二m、樹冠幅六・五m（IV–3の中間枝目標幅）」と設定しています（IV–3）。しかし、プラタナスやトウカエデ、アオギリなどのよく伸びる枝は、一年に一m以上成長するところ、むしろ樹冠の輪郭線を揃えるように切り詰め剪定されており、樹冠拡大が少しずつにとどまっています。樹冠拡大の目的が二〇二〇年の東京五輪、特にマラソン競技の際の暑さ対策である以上、樹冠は可能なかぎり大きくする必要がありますし、実際にまだまだその余地があるといえます。

　国土交通省東京国道事務所では、五年に一回の従来の剪定サイクルについて、剪定後一年目は緑陰が乏しく、五年目には建築限界等への支障枝が多くなる、と評価しました。そこで、従来の五年に一回の強剪定というサイクルを見直して、景観・緑陰の良好な三年目にオリンピックを迎えられるよう、剪定時期の調整によって二〇二〇年夏の緑陰を確保する方策を取ることにしたのです[1]。

しかし、これでは、剪定一、二年後の緑陰不足も、強剪定による樹勢悪化も解消できません。東京都で進められつつあるような剪定方法、さらにいえば剪定方法をめぐる発想の抜本的な見直しが必要です。建築限界以下の枝は付け根から切除し、建築限界以上の枝については民地側への越境枝や支障枝を除いて、できる限り剪定しない、木を上へと伸ばしてゆく管理への切り替えが求められています。

剪定の「跡」をたどってみる

さらに、先ほどの日銀前のプラタナスを観察しながら、樹冠拡大の剪定方法を細かく見てみましょう。この節と次の節は、やや専門的に感じられる方もおられるかもしれませんので、その場合は、一四六頁からのマラソンコースの分析へと移っていただいても大丈夫です。

Ⅳ-4Aは、二〇一七年七月七日の樹冠拡大剪定の翌年にあたる二〇一八年一月一〇日のプラタナスの樹形です。樹冠内部に多くの枝があり、それらの多くが従前に強剪定されていた太い枝の切り口から発生していることがわかります。長年同じところで枝が伸びては切られて瘤ができており、太い枝の切り口が膨らんでいます。

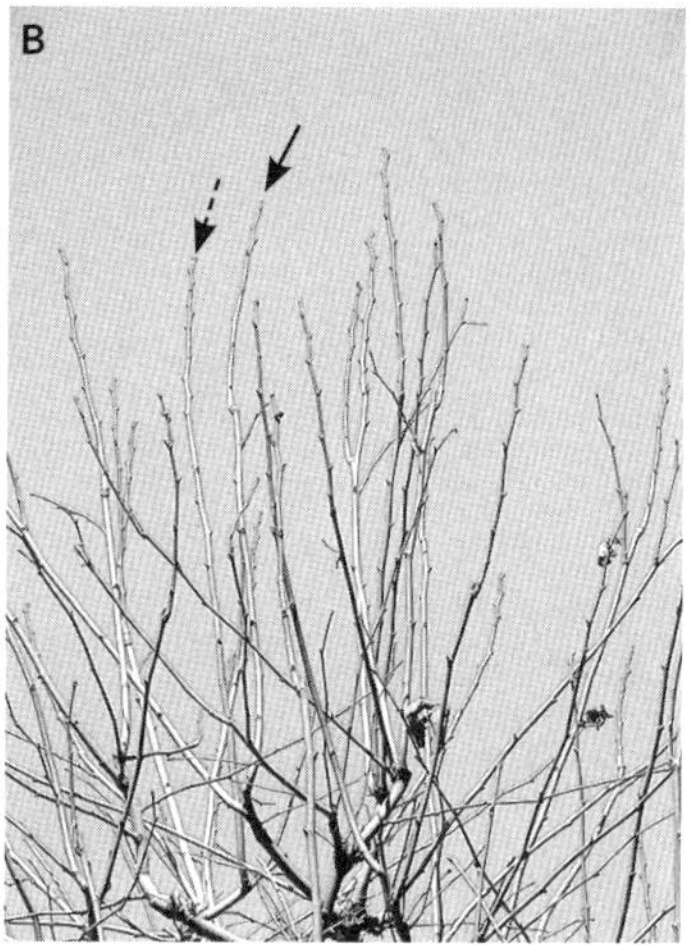

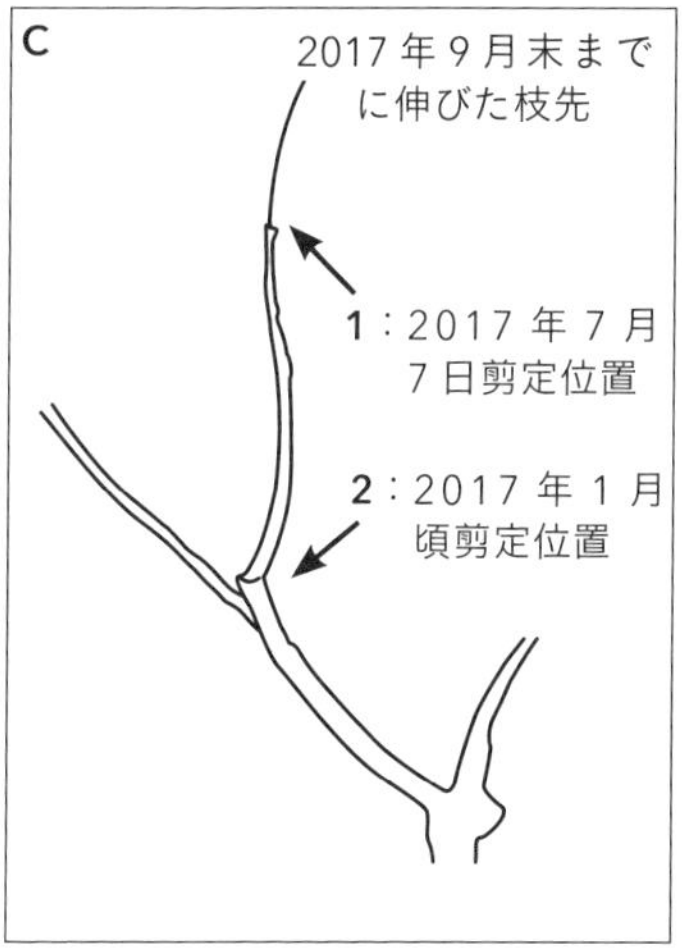

IV-4　日本銀行前のプラタナス
A：樹冠全体(2018年1月10日)
B：枝先の拡大
C：枝の拡大図
(次頁)
D：2018年1月10日の剪定後
E：2018年12月

同Bは、樹冠上部の枝の拡大で、そのうち矢印(↓)を付した一本を抜き出した図が**同C**です。矢印**1**は二〇一七年七月七日に切り詰め剪定された切り口で、その先が七月から九月末頃までに伸びた部分です。矢印部分から下に下がっていくと、少しずれて二股に分かれた部分があります。矢印**2**は二〇一七年一月頃の剪定位置です。二〇一七年一月頃の剪定位置から下にたどっていくと、瘤状に膨らんだ部分がありますから、瘤から伸びた枝を矢印**2**で剪定したことがわかります。

さて、ここで、この枝を、**同B**で点線の矢印を付した左側の枝と比べてみましょう。下のほうで二股に分かれた位置から伸びた枝は、前述した右隣の枝に比べて七月七日時点では短かったため、剪定されなかったわけです。しかし、結局のところ、剪定された枝も剪定されなかった枝もほぼ同じ長さになっていることがわかります。樹冠の輪郭を揃えることが最終目的であれば、この剪定は成功と言えますが、少しでも樹冠を大きくして緑陰を増やすためには、七月七日に大きく伸びた枝を剪定しないほうがよかったわけです。

もう一つ指摘しておきたいのは、樹冠の輪郭が揃うと、枝と枝が競合して、樹冠内部に光が入らず、樹冠内部に枯れ枝が出るということです。それに対して、長い枝と短い枝があれば、樹冠内部に光が入りやすくなり、樹冠内部の枝も残すことができます。

Ⅳ-4Dは二〇一八年一月一〇日に、**同A**の状態から剪定された後のものです。混み合っていた枝が整理され、太枝の先に細い枝が数本残されています。そして、二〇一八年春から枝葉が伸び、七月一〇日に夏期剪定されて一二月の状態が**同E**です。樹冠上部の枝も途中で切り詰められて(矢印部分)、**同D**の一月の枝先より短くなっています。目標とした樹高と樹冠の大きさに達したために大きさを維持するかたちで夏期剪定が行なわれたと考えられます。しかし、本来であればさらに木は高く、大きく成長することができるのです。

ユリノキ、トウカエデの場合

Ⅳ-5左(次頁)は、赤坂外堀通りの迎賓館近くのユリノキで、二〇一八年一月に樹冠拡大剪定が行なわれる前の樹形です。先ほどのプラタナスとは異なり、太い枝から急に細い枝が何本も出ているような強剪定の跡がみられません。ただ、たくさんの枝が伸びて、枝と枝が競合しています。ユ

IV-5　迎賓館前外堀通りのユリノキ　(左)剪定前　(右)剪定後

リノキは、I章で述べたようにプラタナスに比べて「陽樹」であり、陽が当たらない枝は弱って枯れてしまいます。そこで、枯れ枝や弱った枝がでないように、競合している枝を除く剪定が必要です。

同右は、そうした剪定が行なわれた後の写真です。幹から出た枝の付け根で何本かの枝が切られていますが、残された枝の枝先は切り詰められていません。春先にはこの枝先から真っ先に伸び始めて、樹冠輪郭に凹凸ができ、樹冠内部に光が入るようになるでしょう。もう一つ、ユリノキの花芽は八月から九月にできます[2]ので、落葉期の剪定で枝先を切り詰めなければ翌年五月にはチューリップのような大きな花が上向きに咲きます。この外堀通りのユリノキは従来から強剪定されていませんでしたので、樹冠拡大剪定においても、従前と変わらない手入れがされたといえます。

これらのことからわかりますように、強剪定を繰り返してきた街路樹の樹冠を拡大するためには太い枝から段々と細くなる枝振りに変える必要があり、二、三年後の樹形を想定しながら枝を見極めて剪定する技術と月日が必要になります。

また、トウカエデは、剪定後の萌芽力が旺盛ですので、前述のプラタナス以上に、剪定された切り口から長い枝が伸びることが多いといえます。従来のやり方での剪定後のトウカエデの樹形と、二〇一八年一月に行なわれた樹冠拡大剪定後の樹形を比べてみましたが、樹冠拡大剪定では、長く伸びた枝は付け根からほとんど切られ、従前の切り口から樹冠外側に向かって伸びた短い枝を残す形で剪定されていました。その約半年後の二〇一八年六月にも観察を行ないましたが、枝葉が鬱蒼と茂っていて、樹冠は従来と比べてあまり大きくなっていません。

トウカエデでは従前の切り口から長く伸びた枝の何本かを残すようにして、それと競合する枝を付け根から切除する剪定をする必要があったといえます。トウカエデの樹冠拡大剪定で見られたこうした課題は、エンジュやアオギリなどでも見られました。今後の剪定ではぜひ改善したいところです。

2　マラソンコースの街路樹

二〇二〇年東京五輪のマラソンコースは、二〇一八年五月、当初想定されていた案から変更されて、**口絵図**（東京2020オリンピックマラソンコース）のように決まりました。各通りの街路樹は**Ⅳ－6**のとおりです。さっそく通りごとに街路樹の実態と緑陰拡大の可能性を検討していきましょう。

外苑西通り

まず、マラソンランナーは新国立競技場を出発して外苑西通りを北上します。**Ⅳ－7**（一四八頁）は、建設中の新国立競技場に面した外苑西通りのアオギリです。アオギリは、中国では「梧桐」と言われ、およそ一〇〇年に一回花が咲くというタケの実を食べる想像上の鳥・鳳凰《ほうおう》がとまる木と伝えられています。やはり想像上の龍とともに、皇帝のシンボルです。韓国でも王のシンボルとされ、朝鮮王朝時代の中期、元官僚・梁山甫《ヤンサンボ》が隠棲先の光州で造園した瀟灑園《ソセウォン》には賢帝を待つ「待鳳臺《テボンデ》」と名付けられた四阿《あずまや》があり、その横にアオギリが植わっています。外苑西通りのアオギリがどのような経緯で植栽されたのか、わかりませんが、明治神宮との関係で選ばれた可能性は十分考えられます。

IV-6　東京2020マラソンコースの街路樹

神宮外苑新国立競技場	
外苑西通り	アオギリ
靖国通り	
富久町西交差点〜防衛省前	トウカエデとマグノリア・ワダスメモリー，ソヨゴ等
防衛省前〜市ヶ谷八幡付近まで	ケヤキ
外堀通り	トウカエデ
白山通り	イチョウ
靖国通り	
神保町〜駿河台下交差点	トウカエデ
駿河台下交差点〜須田町交差点	プラタナス
中央通り	
須田町交差点〜室町四丁目	イチョウ
室町四丁目〜日本橋交差点	花壇
永代通り	プラタナス
新大橋通り	プラタナス，トウカエデ
清洲橋通り・清杉通り	ケヤキ
江戸通り	イチョウ
雷門通り・並木通り	ハナミズキ，コブシ
中央通り	
日本橋交差点〜京橋	花壇
銀座一丁目〜	カツラ
外堀通り	
中央通り・昭和通り交差点〜西新橋交差点	プラタナス，一部エンジュ
日比谷通り	
西新橋交差点〜増上寺三門前	エンジュ，イチョウ
白山通り	
神保町交差点〜平川門交差点	プラタナス，一部エンジュ
内堀通り	
平川門交差点〜皇居外苑	エンジュ（イヌエンジュ），シダレヤナギ

IV–7　アオギリ街路樹

IV–8　アオギリの自然樹形

こうしたアオギリの由来を考えると、外苑西通りでの強い抑制剪定が残念に思われます。写真で明らかなように、枝を大きく伸ばしてもまったく問題のないところです。むしろ、枝を短く剪定しているために幹の下部から胴吹きが出て、建築限界を侵して通行を妨げてしまっています。この木にかぎらず、街路樹では写真のようなアオギリがほとんどですので、読者の中には強く抑制剪定されているとは思わなかったという方もあるかもしれません。

IV–8は外苑西通り沿いで見かけたアオギリの自然樹形です。アオギリは本来、このように素直に枝が伸びる木なのです。街路樹が大きく伸びると、風当たりが強くなって倒れやすくなるのではと心配されるかもしれません。アオギリはよく根が張って頑丈なことは、この街路を管理している東京都第三建設事務所の説明板「道路のみどり」にも、「……根

IV–9　外苑西通りのアオギリの剪定跡

IV–10　外苑西通りのアオギリ街路樹

張りがよく風害に強いなど極めて丈夫な樹であるため、街路樹として多く用いられています」と紹介されています。むしろ、強く剪定されると、太い根が少なくなって倒れやすくなってしまいます。Ⅳ-9（前頁）の剪定跡（矢印部分）を見ると、樹冠内部で、剪定跡から枝がどう伸びたかが理解しやすいと思います。瘤のようになっているのは、毎年同じ位置で切られてきた結果です。また、実際に木に近づいてみると幹の上部が切られているため、そのすぐ下の太枝が幹のように上に向かって伸び、これも途中で切られていることがわかりました。ここでも、幹上部に何の障害もないのですから、本当はもっと高く伸ばすことができます。Ⅳ-10は、外苑西通りの景観です。抑制剪定によって樹冠が鬱蒼としていますが、やはりアオギリの樹高を高くし、車道側の枝を伸ばせば、樹冠に隙間ができます。それによって景観は大きく改善されるでしょう。

靖国通り（富久町西交差点から市ヶ谷見付）

新国立競技場を出発したランナーたちは次に、富久町西交差点から靖国通りに入って東へ向かいます。靖国通りに入ると、街路樹は、以前のトウカエデから最近植え替えられたソヨゴやマグノリア・ワダスメモリーなどになります。この通りは車道、歩道とも広いのですが、どの樹種もトウカエデのようには樹高も高くなりませんし、枝張りも広がりません。残念ながら緑陰効果は期待できない状況といえます。

IV‒11　靖国通り（富久町～曙橋区間）

コースに沿って靖国通りを市ヶ谷方向に進むと、樹種変更前のトウカエデ街路樹が残っています。ただ、強く抑制剪定されていてトウカエデの本来の樹形ではありません。他の多くの樹種であれば、腐朽菌が入り、枯れて倒伏しかねませんが、トウカエデはⅢ章で説明しましたように長枝に加えて短枝もありますので、強剪定にもめげず樹勢が維持されています。とはいえ、「道路付属物」とされる街路樹において不可欠な通行の安全性が、建築限界以下の枝や胴吹きによって確保できているとはいい難いのも事実です。

IV‒11は、富久町から曙橋区間の靖国通りをランナーの視点で写した写真です。ソヨゴ、マグノリア・ワダスメモリーなどと強剪定されたトウカエデが並んでいるのですが、車道からはほとんど見えません。ここではたとえ歩道寄りを走ったとしても木陰がないということです。このような景観がマラソンランナーを追うカメラを通して世界に発信されることを想像してみていただきたいと思います。二〇

Ⅳ–12　防衛省前のケヤキ街路樹

〇八年、北京オリンピックのマラソンでは、ランナーの背景に、様々な緑豊かな街路が見られました。東京の強く剪定された街路樹ではサステナブルからはほど遠いイメージですし、「おもてなし」の心も感じないでしょう。せめてトウカエデの強剪定を止めて、緑陰を広げる必要があります。

また、曙橋交差点の交通島には成長が速く、上部の枝が横に広がる高木を植えたいところです。交差点近くでは見通し確保のため高木を避ける傾向がありますが、下枝が高いところから伸びていれば見通しを妨げません。緑陰ができて景観も大幅に改善できます。

靖国通りも、市ヶ谷の防衛省前からはケヤキの街路樹になります(Ⅳ–12)。このあたりはまだ若木もみられますが、成長も良く一年で一m前後は伸びるでしょう。さらに大きな緑陰が広がることが期待できます。旺盛に成長しているために枝数が多く、樹冠が鬱蒼としていますので、枯れ枝と衰弱枝だけは、毎年取り除く必要があります。なお、どういうわけか防衛省の向かい側の歩道は、低木のみの植樹帯でケヤキが植わっていません。二〇二〇年に向けて早急に植栽したいところです。

外堀通り

ランナーは今度は市ヶ谷見付で靖国通りから外堀通りに入っていきます。ここからトウカエデの街路樹が見えてきます。やはり樹高も枝張りも強く抑制剪定されているため、鬱蒼とした樹冠になり、建築限界以下の胴吹きが通行を妨げています。建物が建ち並んだ歩道側の幅員は約三mなので、現状のような抑制剪定が必要といえますが、外堀側の歩道は、管理者と協議して外堀の法面《のりめん》(切土や盛土でできる人工的傾斜面)にまで枝を伸ばすようにすれば、緑陰が広がってなお涼しくなりますし、道路と外堀が景観的につながって、沿道環境は大きく改善できるでしょう。

外堀通りの市ヶ谷と飯田橋の間の外堀側は、法面に植栽されたソメイヨシノが歩道側まで枝を張っていたため、歩道にトウカエデの街路樹を植えなかったのではないかと考えられます。ところが、法面の除草や植栽管理が不十分だったようで、多くのソメイヨシノは枯れたり、著しく樹勢が悪くなったりしています(次頁**Ⅳ-13上**)。

このような荒廃した景観では二〇二〇年は迎えられません。外堀法面のソメイヨシノは、伝染性の強いナラタケモドキのような腐朽菌に侵されていることも考えられますし、早急な診断と対応が必要です。現状では歩道拡幅のために法幅が狭くなっていますので、ソメイヨシノを新植することはできないと思います。緑陰をもたらす樹木が植えられるのは歩道上になるでしょう。また、ソメイヨシノの根元に石碑が設置されているところもありました（**同下**）。ソメイヨシノの根張り部分にあたっていますので設置時に根や幹を傷つけている可能性があり、腐朽の原因になりかねません。

IV–13　外堀通り（市ヶ谷～飯田橋間）

IV-14　白山通りのイチョウ街路樹

白山通り

水道橋から白山通りへ入ると、今度はイチョウ街路樹です。IV-14は、二〇一八年一〇月の樹形ですが、その一年あまり前の樹形と比べると、抑制剪定による胴吹きなどが改善されていました。おそらく二〇一七年の冬期剪定では、樹高も枝も切り詰めずに、混んだ枝を切り抜く剪定を行なったのでしょう。今後は、車道側の建築限界以下の枝を付け根から切除することと、従前の強い切り詰め剪定によって依然として枝が混んでいますので、枝と枝の間隔を空けるように枝抜き剪定を行なうことが課題といえるでしょう。そうすれば、全国の強く切り詰められたイチョウの街路樹を改善する手順が具体的にわかる街路となります。

ただ、同じ通りでも依然として強く抑制剪定されたイチョウが見られます。ここでも歩道が広くないため、民地側は抑制剪定が求められますが、車道側は上部の枝を伸ばすことで建築限界以下の枝は付け根から切除できるようになります。また、せっかくの植樹帯に照明灯などが設置されて、イチョウが植わっていないところも見られます。早急にイチョウを植栽して、緑陰を増やすべきでしょう。

靖国通り（神保町から駿河台下交差点）

白山通りをずっと下っていくと、神保町の交差点にさしかかります。そこから靖国通りへ入るとトウカエデの街路樹が見えてきますが、ここでも歩車道とも広く架空線もないのに、強く抑制剪定されています。

車道側の建築限界上は大きく枝を伸ばせますし、歩道側も現状より伸ばせば、古本街を涼しく歩けるようになり、文化的で豊かな景観になります。また、低木のみの植樹帯には、高木を植えることで木陰を連続させることができます。

歩行者は、I章（四〇―四一頁）で紹介した実験のように、高木がないと無意識のうちに車道から離れて歩くようになり、たとえ広い歩道であっても向こうから歩いてくる人とぶつかるなど、実際に人々の通行するスペースが限られてしまうのです。

さらにランナーは靖国通りに沿って、駿河台下交差点から須田町交差点まで進んでいきます。駿河台下交差点から須田町交差点のプラタナスの街路樹は、先に述べた日銀前と同じように、都の樹冠拡大剪定計画によって一定の成果が出ています。歩道側は沿道ビル側への越境を避けるため現状の枝張りが精々ですが、車道側(次頁IV-15)は枝をもっと伸ばすことができます。ランナーの走る車道側からみると、歩道側・車道側ともに樹冠拡大剪定によって、樹冠は従来より少し大きくなっていました。しかし、樹冠が密になって、このままでは枝が衰弱してしまう恐れのある木も見られます。

IV-16は、横浜のプラタナス街路樹です。歩道が狭いために民地側は抑制剪定されていますが、車道側は両側の枝がトンネル状に覆っています。II章などで述べましたように、根は、路盤が厚い車道側には張れず、ほとんどが植樹帯・植えますと歩道下に広がっていますので、地上部の枝に対する根の偏りは力学的にバランスがとれていて問題ありません。

靖国通りの街路樹に戻ると、写真**IV-17左**(一五九頁)は、樹冠拡大剪定で枝先が切り詰められた跡です。矢印を付した切り口のすぐ下の枝が剪定後に伸びており、これ以上切り詰めなければさらに成長しますし、枝と枝の間に隙間ができて樹冠内部に光が差し込むようになります。

同右上は、石原都知事時代の街路樹百万本計画で植栽された木ですが、とてもハナミズキとは思えない樹形になっています。歩道から車道への視認性を確保するための剪定と考えられますが、このような樹形を保つ必要があるのであれば、ハナミズキは向きません。百万本計画の目的が問われ

IV–15　靖国通りのプラタナス街路樹・車道側
（駿河台下交差点～須田町交差点）

IV–16　プラタナス街路樹の樹冠（横浜）

IV-17　靖国通り（駿河台下交差点
～須田町交差点）街路樹
（左）切り詰められた剪定跡
（右上）植樹帯のハナミズキ
（右下）プラタナスの植えます

ているともいえますが、近年の温暖化やヒートアイランド現象を考慮するなら、建築限界をクリアーし、緑陰をつくることのできる樹種を選ぶべきでした。

　靖国通りでは、プラタナスの植えますが透水性舗装で覆われているところもありました（**同右下**）。植えます内に雑草が生えないようにするためかと思いますが、これでは有機物の供給が絶たれて、ミミズもダンゴムシも生息できません。ゆくゆくは土壌が劣化してしまいます。それに、いくら透水性といっても、土壌が露出している方が水を通しますし、暑くなれば土壌中の水分が蒸発して地面温度が低く保たれ、道路面の温度上昇を抑えることができます。それにもかかわらず、

IV–18　中央通りのイチョウ街路樹
（須田町交差点〜室町４丁目）

このような植えますの舗装は全国のところどころで見られます。

中央通り

さて、靖国通りから中央通りに入ると、今度はイチョウの街路樹に変わります。靖国通りと中央通りの交差点（須田町交差点）では、木がまるで電柱のように切り詰められ、建築限界以下に胴吹きが出ています。交差点で低木だけの交通島には下枝の高い高木を植えて、ドライバーの見通しを確保しながら歩道に緑陰をつくりたいところです。

須田町から室町四丁目の中央通りのイチョウの街路樹は、交差点と同様、電柱のように剪定されています（**IV–18**）。このような剪定は虐待というべきものです。樹木の生存を許さないばかりでなく、結果として街路樹の存在意義も否定してしまっています。道路管理者は、沿道側の落ち葉の苦情などに対応するために強く剪定し、車道側もそのバランスをとったということなのかもしれません。しかし、歩道側ももっと枝を伸ばせますし、車道側は本来、建築限界より上は制約なく枝を伸ばせるのです。高い建物と道路に囲まれた道路に緑陰は不可欠ですし、都市の文化としても欠かせません。

また、中央通りにも低木だけの植樹帯が見られます。本来はイチョウが植わっていたはずですが、強剪定によってさすがのイチョウも樹勢が悪くなり、伐採されてしまったのかもしれません。

中央通りの室町四丁目から日本橋交差点の区間は、広々とした立派な通りであるにもかかわらず、植樹帯は花壇で緑陰がありません(次頁**Ⅳ-19**)。一方、中央通りに直交する通りには、通りごとに異なる樹種の街路樹が植えられています。江戸桜通り(**Ⅳ-20、口絵**)はその一つですが、枝を大きく広げたソメイヨシノが緑陰をつくっています。中央通りにも緑陰があれば、「緑の回廊」をつなぐことができるのです。江戸桜通りより車道も歩道も広いのですから、さらに大きな街路樹が枝を伸ばしていることが望ましいと思います。

中央通りには、日本の道路の起点・日本橋があり、大政奉還して江戸から明治に橋渡しした徳川慶喜《よしのぶ》揮毫《きごう》の銘板「日本橋」が欄干の親柱に掛かっています(**Ⅳ-21中左**)。橋上の高速道路や、橋詰広場(**同下**)に設置された地下鉄入口など後代の「付け足し」を美しく整えることが課題といえそうです。たとえば、少なくとも橋詰広場の範囲は重要文化財に指定されている日本橋のデザインに合わせて緑豊かな広場にすれば、多くの人が緑陰の下でくつろげるでしょう。

IV-19（中右）
中央通り
（室町４丁目～
日本橋交差点）
IV-20（上）
江戸桜通り
IV-21　日本橋
（中左）橋柱
（下）橋詰広場

永代通り・新大橋通り

日本橋を渡ると、ランナーは永代通り、さらに新大橋通りへと向かいます。これらはともにマラソンコースの見直しによって、二〇一八年から樹冠拡大剪定が始まった通りです。街路樹のプラタナスは、従来の剪定によって建築限界以下に胴吹きが発生しています。車道側の建築限界以下の胴吹きをクリアーして、交通標識への見通しを確保するためには、やはり樹高を高くしなければなりません。また、このように中央帯がある道路では、枝を伸ばしてゆけるよう、交通標識を中央帯に建てることが望ましいと思います。

永代通りも、歩道・車道とも十分な広さであるにもかかわらず、多くの植樹帯には、低木しか植わっていません。よくデザインされたコンテナが植樹帯に置かれていますが(IV-22)、植樹帯にはプラタナスを植え、歩道側も車道側同様に下枝を高くすれば、樹冠下も明るくなります。コンテナは歩道舗装の植樹帯際に置いて、四季折々の草花を植えれば素晴らしい街路になるでしょう。

IV-22　永代通りの植樹帯

新大橋通りでは、片側三車線の広い車道の路面温度上昇を抑えるために、車道側の枝を切り詰めず、さらに緑

IV-23　新大橋通り

(上)茅場町一丁目交差点広場

(中)茅場橋の橋詰広場のイチョウとソメイヨシノ

(下)茅場橋の対岸の橋詰広場

陰を広げたいところです。車道・歩道とも広い植樹帯に低木しか植わっていないところがあり、プラタナスを植えるとよいでしょう。

新大橋通りの茅場町一丁目交差点の交差点広場も、高木の緑陰がほしいところです(**Ⅳ-23上**)。茅場橋の橋詰広場のイチョウとソメイヨシノは、自然な樹形が維持され、緑陰・景観ともに大きな効果を発揮しています(**同中央**)。対岸の橋詰広場もエノキが大きく樹冠を広げていて良いのですが、手前側の実生のアカメガシワやツル植物が繁茂しており(**同下**)、視界が通るようにすれば、人々の憩いの広場になるはずです。

清洲橋通り

ケヤキの街路樹が大きく樹冠を広げて車道二車線まで緑陰がカバーしており、マラソンランナーは強い日差しを避けて走ることができます(次頁**Ⅳ-24**)。ケヤキの大きな樹冠によって、優れた街路になっていると思います。

ただ、太枝を切り詰め剪定した際の問題を抱える木も見られました。切り詰められた太枝の切り口付近からたくさんの細枝が発生しますが、剪定前に比べて葉の数が大きく減り、幹焼けが起こってしまうのです。

Ⅳ-25は、五〜一〇年前に太枝が切り詰め剪定されたケヤキです。一見、自然な樹形のようです

IV−24　清洲橋通りのケヤキ街路樹

IV−25　清洲橋通りのケヤキ
街路樹（切り詰め剪定後）

が、太い枯れ枝と大きく伸びた下枝がその結果を端的に語っています。自然な状態であれば、ケヤキの場合、上部の枝が伸びると、細い下枝は枯れ落ちて、幹下部に枝はなくなります。

江戸通り

マラソンコースは、清洲橋通りから清杉通りを経て江戸通りへつながっています。清杉通りと江戸通りの広い交差点には、広場があるのですが、残念ながら低木のみで緑陰がありません。炎天下で信号待ちする歩行者にとって緑陰は不可欠ですので、見通しがよい下枝の高い高木が必要です。同じように、浅草橋の橋詰広場も、現状のモッコクでは緑陰になりません。下枝の高い高木に植え替えるべきでしょう。

江戸通りのイチョウの街路樹は、強く抑制剪定されているため、建築限界以下の胴吹きが通行を妨げています。また、交通標識手前の木では、視距(自動車の運転者が道路前方を見通すことのできる距離)を確保するため、樹冠全体の剪定後に発生した胴吹きが付け根から剪定されているものもみられました。樹高を高くし、建築限界以上の枝を伸ばせば、そもそも胴吹きが発生しないため、このような追加的な剪定をしなくて済みます。

細かく見ますと、強剪定によってイチョウの根元から蘖も伸び、見通しを妨げています(次頁IV-26)。蘖は、胴吹きだけが出る剪定よりも強い剪定の場合に出てきますので、江戸通りのイチョウ

IV−26　江戸通りのイチョウ街路樹

IV−27　雷門通りのハナミズキ街路樹

はかなり強く剪定されていることがわかります。また、胴吹きは車道・歩道の両側にみられますが、車道側では建築限界以下の太枝も切除できていないため、車高の高い車両の通行を妨げています。歩道が狭いため、歩道側では、前述した横浜の剪定（一五八頁IV－16）が参考になるでしょう。

並木通り・雷門通り

江戸通りから入る並木通りのコブシ街路樹は、まだ樹高が低いので、この段階で建築限界以下の枝を切ることはできません。枝も斜め上に伸びて横には広がっておらず、小さいうちはなかなか緑陰機能を発揮できません。

江戸通りから並木通りに向かう交差点には低木が植わっていますが、下枝の高い高木であれば、緑陰を兼ねたランドマークになり、とりつく島もないような現在の景観を大きく改善できます。

マラソンコースは、並木通りから雷門通りを通って江戸通りに戻ります。並木通りから雷門通りに入ると、ハナミズキの街路樹が植えられています。しかし、ここでもやはり、道路側からは木の位置がほとんどわからなくなってしまっています(Ⅳ-27)。緑陰をつくるには、下枝の高い高木を植えなければなりません。

さて、マラソンランナーたちは江戸通りに戻ると、そこから清杉通り、清洲橋通り、新大橋通りへと引き返し、茅場町一丁目交差点から永代通りに入り、日本橋交差点から中央通りに入ります。

中央通り(日本橋交差点から新橋)

中央通りの銀座界隈は、第I章で触れたように、一八七四年、東京で初めて近代街路樹としてクロマツとサクラが植えられたところです。その後、一八八〇年頃、シダレヤナギに植え替えられ、一九二一年頃には銀座の街路樹はほとんどシダレヤナギになったようです。関東大震災後はイチョウに植え替えられましたが、一九二九年、「昔恋しい銀座の柳……」と歌われた「東京行進曲」の流行もあって、一九三二年二月に約三〇〇本のヤナギが朝日新聞社より寄贈され、四月には「第一回柳祭り」が開催されました(3)。

一九四五年の東京大空襲を経て、一九五五年の銀座の街路樹は一二三四本に減り、そのうちヤナギは三四三本だったということです(4)。一九七八年、銀座通り連合会の会員を対象に行なわれたアンケートでは、銀座大通りの街路樹について、「現状(車輪梅《シャリンバイ》)でよい」との回答が三二・七%、「ヤナ

ギの復活を望む」は六一・一％で、やはり人々のヤナギへの思いは強かったようです。(5)

このような変遷を経て、二〇〇四年、銀座通りの街路樹は花壇に円錐形のイチイを配した植栽により、新たな一歩を踏み出しました。緑陰が求められるなかでの苦渋の選択だったと思います。ただ、イチイは本来冷涼な地域に生育する樹種で、ビルと道路に囲まれた場所では耐えられず、次々に衰弱してしまいました。**Ⅳ-28左**は中央通りの銀座界隈の植樹帯ですが、二〇一八年一月より、このイチイから二〇二〇年に向けてカツラに植え替えられています(**同右**)。カツラも、青森の奥入瀬渓谷《おいらせ》や札幌円山《まるやま》公園の代表的樹種であり、冷涼な地域に生育する樹種ですから、この点、心配が残ります。加えて、これまでの植樹帯から植えますに変えられ、根元は白い平板で舗装されています。植樹帯であれば、土壌から水分が蒸発して地表面温度が低くなるのですが、土壌を覆う白色平板に反射した日光が葉の裏側に当たって、寒冷地育ちのカツラにとってはさらに過酷な環境になるといえます。

日比谷通り

中央通りから外堀通りを経て、西新橋から日比谷通りに入ってゆくと、イチョウとエンジュの街路樹になります。エンジュは抑制剪定されてはいるものの比較的樹冠が大きいので、枝を伸ばせば大きな緑陰をつくることができます。イチョウのほうは、切り詰め剪定によって幅の狭い円錐形樹

Ⅳ-28　中央通りの銀座界隈の植樹帯　（左）花壇のイチイ（2016 年 7 月）（右）植えますのカツラ（2018 年 11 月）

形になり、建築限界以下の枝が通行障害になってしまっています。

西新橋付近にも低木のみの植樹帯があり、イチョウかエンジュを植えるとよいでしょう。現在は舗装だけの広い交差点広場は、信号待ち歩行者の緑陰になるよう高木を植える必要があります。

ここからマラソンコースは、日比谷通りを南に向かい、芝増上寺三門付近で折り返します。そして、西新橋から外堀通りを経て、中央通りを北上し、須田町交差点から靖国通りに入っていきます。


靖国通り（神保町交差点から専大通り交差点）

ここで少しコースから外れますが、靖国通りの神保町交差点から先、専大通りまではやはりトウカエデの街路樹です。樹冠全体に切り詰め剪定されているため、車道側の緑陰が十分でなく、建築限界もクリアーできていません。切り詰め剪定されている切り口から、樹冠上部では細い枝が一m以上伸びています（**Ⅳ-29**）。それらの枝を切り詰めずに伸ばしていけば、基部が切り口より下の太枝のように太くなって、幹から枝先に向かって段々と細くなる本来の枝になります。そうすれば、緑陰も増して枝が折れにくくなります。

専大通りから先の靖国通りは、プラタナスの街路樹になり、丁寧な切り詰め剪定によって卵形の樹形に整えられていますが、緑陰を広げるためには、こうした切り詰め剪定を止めてさらに枝を伸ばしていくべきです。また、交差点の横断歩道などは、本来、信号を待つ歩行者のために大きな緑陰が必要なところといえますが、むしろ他より強く剪定されてしまっている木もありました。

内堀通り

マラソンコースに戻ると、神保町交差点でふたたび白山通りに入り、平川門交差点から内堀通りを皇居外苑に向かって南下します。平川門交差点から内堀通りに入ると、エンジュの街路樹になりますが、毎日新聞社側では近年、**IV-30上**(一七五頁)のように、エンジュの間にサルスベリが植えられています。幹の太いエンジュは樹冠を大きくすれば建築限界がクリアーできますが、サルスベリの場合はなかなか困難です。**同下**のような左カーブでは、サルスベリの枝が前方への見通しを遮り危険ですので、早急に見直す必要があります。

エンジュは、強く剪定されますと、切り口からさび病菌が入り、枝に瘤ができ、また腐朽菌が入って倒伏しやすくなります。エンジュに代えてサルスベリを植えている背景には、このよう

IV-29 神保町交差点から靖国通りのトウカエデ街路樹

な経緯があると考えられますが、必要以上に剪定しなければ、建築限界もクリアーしやすい樹種で、すばらしい緑陰になります(七九頁II-10参照)。

内堀通りを大手門前に向かって進むと、道路側にエンジュ、大手濠側にシダレヤナギが植わっています。エンジュは、一律に切り詰め剪定され、建築限界を侵す枝も切除できていません。**IV-31上**のシダレヤナギをみると、太枝を剪定した跡からたくさんの細枝が出て鬱蒼として、不自然な樹形になっていることがわかります。**同下**はこのシダレヤナギの切り詰め剪定跡(矢印部分)から伸びた枝の拡大です。架空線がなく、植樹帯や植えますも広いのですから、エンジュもシダレヤナギも、自然に大きく育て、建築限界以下の枝を切除するだけでよいはずです。

大手門前付近は低木のみの植樹帯でエンジュが植わっていませんし、植樹帯も植えますもないところがあります(一七六頁**IV-32左**)。また、**同右**のシダレヤナギの植栽も、根の成長を考えるなら、植えますの中央に植える必要がありました。マラソンに限らず、大手門前には国内外の多くの観光客が立ち寄ります。緑陰となる高木が必要とされているのです。

大手門前の近くには、自然樹形のケヤキと抑制剪定されたエンジュが並行して植えられているところがあります。車道側から見ると、のびのびと育った奥のケヤキに対して、エンジュの樹形が歪んでいることがはっきりとわかります。**IV-33**は、自然樹形のラクウショウ(左)と剪定されたエンジュ(右)です。いずれのエンジュも自然樹形に近づけ伸ばしていけば、ケヤキやラクウショウほど

IV-30　内堀通りのエンジュとサルスベリの街路樹

IV-31　内堀通りのシダレヤナギ

IV-32　内堀通り（大手門前付近）

IV-33　内堀通りのラクウショウとエンジュ

大きくならないにしても、多くの観光客が木陰を歩きながら憩える街路になります。

内堀通りから皇居外苑に入りますと、街路樹がありません(**本章扉写真**)。ただ、道路両側にはクロマツが芝生内に点在し、しかも樹高が抑制されているために空が広く見えます。このあたりはマラソンコースの約三三km付近にあたります。高層ビルが建ち並んでいる東京都内で空を見渡すことのできる数少ない場所ですが、マラソンランナーやボランティア、応援する人々が涼めるよう、二〇二〇東京の時には大きなコンテナに植えた高木を並べるよう検討してはと思います。

マラソンコースは、この皇居外苑で折り返し、内堀通り・白山通り・外堀通り・靖国通り・外苑西通りと戻り、新国立競技場のゴールを目指します。

3 「樹冠最大化」のためのシステムづくり

マラソンコース全体の街路樹の現状をまとめますと、アオギリ(外苑西通り)、ケヤキ(靖国通り・清洲橋通り・清杉通り)、トウカエデ(靖国通り・外堀通り)、イチョウ(白山通り・中央通り・江戸通り・日比谷通り)、プラタナス(靖国通り・永代通り・新大橋通り・外堀通り)、エンジュ(日比谷通り・内堀通り)が主要な高木です。これらのなかで、ケヤキは比較的大きく緑陰を広げていたといえるでしょう。
皆さんお気づきのように、各通りの街路樹には、共通してみられる問題点がありました。ここで改めて整理しておきたいと思います。

①樹高抑制

実に多くの街路樹で、電線や道路標識など特に制約のない場合であっても、高さを抑制され、そのために幹の下部(建築制限以下の幹)から多くの枝が吹き出していました。こうした現状を踏まえて、樹高抑制自体を見直す必要があります。

東京都の樹冠拡大計画では、高所作業車での剪定を前提に、樹高は一二m以下に抑えられています。しかし、これは短期的な管理費用のみを念頭に考えた設定です。

たとえば、具体的に調査する必要はありますが、Ⅱ章で紹介した仙台市のイチョウ街路樹でも、幹先端に向かって枝を段々短くするという剪定を行なわなければ、五年に一回の剪定期間をさらに延ばせる可能性があります。成長旺盛な樹冠上部の枝を短く切り詰めると、剪定後四、五年で枝が混んできます(八二頁Ⅱ-13参照)が、枝を短く切り詰めなければ、枝と枝の間に自然に隙間ができ、樹冠の混雑が解消されるのです。

剪定の量や頻度を減らすことができるなら、高所作業車費用も抑制でき、より高くまで届く高所作業車が使えるようになるでしょう。街路樹の樹高を確保することは、近年の高層ビル増加への対応としても効果的です。ビル壁面からの輻射熱や災害時のガラス片の落下を遮ったり、街路利用者への視覚心理的なストレスを緩和したりできるからです。

②管理の容易な樹種へと植え替える傾向

近年、新しく植栽されている街路樹として、落葉樹ではハナミズキやサルスベリ、マグノリア・ワダスメモリー、カツラ、常緑樹ではクロガネモチ、ソヨゴが多くなっています。歩車道とも狭い道路であれば、もちろんこれらは植栽の候補ですが、車線が片側二車線以上で歩道も広い道路でも、樹種が切り替えられている道路が少なからず見られます。猛暑が社会問題化するなか、市街地には緑陰が不可欠です。適切な高木を植え、可能なかぎり自然な樹形を維持するという姿勢が共有されてほしいと思います。

③交差点広場、橋詰広場には高木を

関東大震災後の復興街路では、交差点の四隅には交差点広場、橋のたもとには橋詰広場が設けられ、豊かで気品ある景観がつくられていました(次頁Ⅳ-34、一四頁Ⅰ-7参照)。近年は、雑草が繁茂しているか、除草の手間がかからないようコンクリートで覆われたところがほとんどです。戦後の車社会や高速道路整備、さらにこまごまとした地下鉄や公衆トイレ整備で、交通島や広場は転用・活用され、現状はその片鱗のみ残されています(一九頁Ⅰ-13参照)。構造物を移設するのは容易でありませんが、少なくとも現存する高木の樹冠を大きく広げ、Ⅳ-35の日比谷通りの交差点広場のよ

IV–34　関東大震災後の復興街路に見られた交通島

IV–35　日比谷通りの交差点広場

うに雑草に覆われた低木の植え込みを、高木に植え替えて緑陰広場にすることは難しくありません。そして、より多くの人々が木陰をもたらす広場の心地よさに気づいていけば、再整備の声は着実に広がるはずです。

「樹冠拡大」への懸念に応えて

樹冠を大きくする――現在ある木を、さらに伸ばしていくというのは、暑さ対策のなかでも非常にシンプルなアプローチです。にもかかわらず、なぜ樹冠拡大は依然として不十分なままなのでしょうか。

目標とされる樹形そのものに問題があることは既に指摘しましたが、東京都でマラソンコースの遮熱対策として街路樹の樹冠拡大が検討された際、懸念要因として言及されたのは、落ち葉が増えて沿道住民の理解が得られない、風受け抵抗が増して倒伏しやすくなる、枝折れしやすくなる、歩道の根上がりが起こる――などでした。

落ち葉は、先に見たように街路樹管理者に寄せられる苦情で最も多い要素ですが、落葉前の剪定で対応すると、樹勢悪化→腐朽菌侵入→倒伏危険性の増大という負の連鎖に陥ってしまいます。また、緑陰・景観が損なわれることにもつながります。落ち葉掃除をどうするか、それは、沿道住民・地域社会と道路管理者の連携にかかっています。

樹冠拡大によって風受け抵抗が増し、倒伏や枝折れの危険性が増大することへの懸念についても、実は、樹冠を拡大することによって、根系も発達して支持力は増していきます。また、枝を伸ばすと、枝元から枝先に向かって徐々に細くなり、しなやかで折れにくくなります。それでも樹冠が混んでいる場合は、風が通るように枝抜き剪定で対応するという方法もあります(**Ⅰ章扉写真**)。台風のような暴風によって、枝や幹が折れ、時には倒伏することもありますが、それはあくまで自然災害の結果であって、街路樹管理者の瑕疵《かし》ではありません(6)。

歩道の根上がりに関しては、樹冠拡大のため、植栽基盤を改善する必要があるのは事実です。近年の街路樹では、植栽時の客土が根鉢よりわずかに広い程度で植栽されているような実態がありま す。これでは、根が客土内から外側に広がらず、健全な成長が見込めませんし、強風で倒れやすくなります。

どこでも同じ量の客土が要るわけではありませんが、土壌が悪かった宇部市の経験を踏まえて、縦二m×横二m×深さ一・五mの範囲の既存土壌をまずは確認し、不適切な場合には土壌改良を行なうべきでしょう。また、二〇〇一年の道路構造令改正により、都市部の幹線道路は原則として植樹帯を設けることとされました。可能なかぎり、植えますではなく植樹帯を設けるべきです。植栽基盤が良ければ根上がりすることもありません。近年様々な場所で問題になっている電線の地下埋設や共同溝の位置は、これもⅡ章で述べたとおり、街路樹が根を張れない車道端を基本にすることが望ましいと考えます。

街路樹を育む新たなシステムづくり

戦前の東京や戦後間もない宇部市、豊橋市等で行なわれていた自然樹形仕立ての街路樹は、きわめて少なくなってしまいました。自動車優先社会の到来や、落ち葉が活用されなくなりゴミとして認識されるようになったこと、公務員制度や勤務体制の変化に伴って街路樹の育成・管理に継続的に関われる担当者がいなくなったことなど、その原因は多数考えられます。こうした変化のなかで、歩車道とも広い道路でも強く抑制剪定された街路樹が一般的になり、市民もそれが当たり前のように受け止める風潮が広がってしまったのかもしれません。

ただ、その一方で温暖化が進み、都市の拡大・高層化に伴うヒートアイランド現象が激化し、熱中症で亡くなる方も急増しています。健康な人ですら夏の炎天下に都市の中心市街地を歩くのが苦痛になっている実態を考えますと、強く抑制剪定された街路樹はいかにも不合理で、不自然です。

事実、世界に目を転じますと、欧米、アジアでも中国、韓国、シンガポールなどでも、可能なかぎり大きく枝を広げた街路樹が当たり前です。であれば、明治初年に近代街路樹が始まって百数十年を経た現在、日本では、新たな街路樹管理のありかたを探る必要があると思います。具体的には、戦前の東京や戦後の宇部市、豊橋市などで行なわれていた自然樹形仕立てを、当時とは異なった技術者、管理体制、地域社会のなかでも実現できるようにしなくてはなりません。

　東京都が進めている樹冠拡大剪定の現場に何回か立ち会って改めて実感したことは、樹高・樹冠を切り詰める抑制剪定が街路樹剪定士に深く根づいていることです。街路樹剪定士のテキスト『街路樹剪定ハンドブック[7]』では、街路樹剪定の目的として、「コンパクトにまとめる」が第一に挙げられています。歩道幅(*b*)によって枝張り(**W**)が決まり、樹形タイプごとに設定された樹高・枝張り比(*f*)の目安にしたがって樹高が決まって、管理目標樹形が設定されているわけです(Ⅳ–36)。

　たとえば、同ハンドブックで歩道幅四・五m、植えます幅一・五mの道路に植えられたプラタナスの場合をみてみましょう。*dx*は植えます幅の半分ですから〇・七五、樹冠と建築物に必要な空間は一般的に一mですので、樹冠幅は、(4.5−0.75−1)×2で五・五mになります。また、プラタナスは卵円形樹形で樹高・枝張り比は〇・四〜〇・七ですので、樹高は八〜一四mとされます。歩道が狭く、車線数も少ない道路ならばその大きさでもやむを得ませんが、車道が広ければ、その車道側にもっと枝を伸ばして緑陰を広げることができるのです。むしろ、樹高を抑制すれば、胴吹きが出てしまい、建築限界がクリアーできなくなります。

　歩車道とも広く電線もない道路では、樹冠を最大化する管理に切り替える必要があります。Ⅱ章で述べましたように、街路樹剪定士に、街路樹管理者からこうした樹冠拡大方針が示されれば、その方針に即した育成・維持剪定を行なうようになり、いっそうの技術開発が進むでしょう。管理体

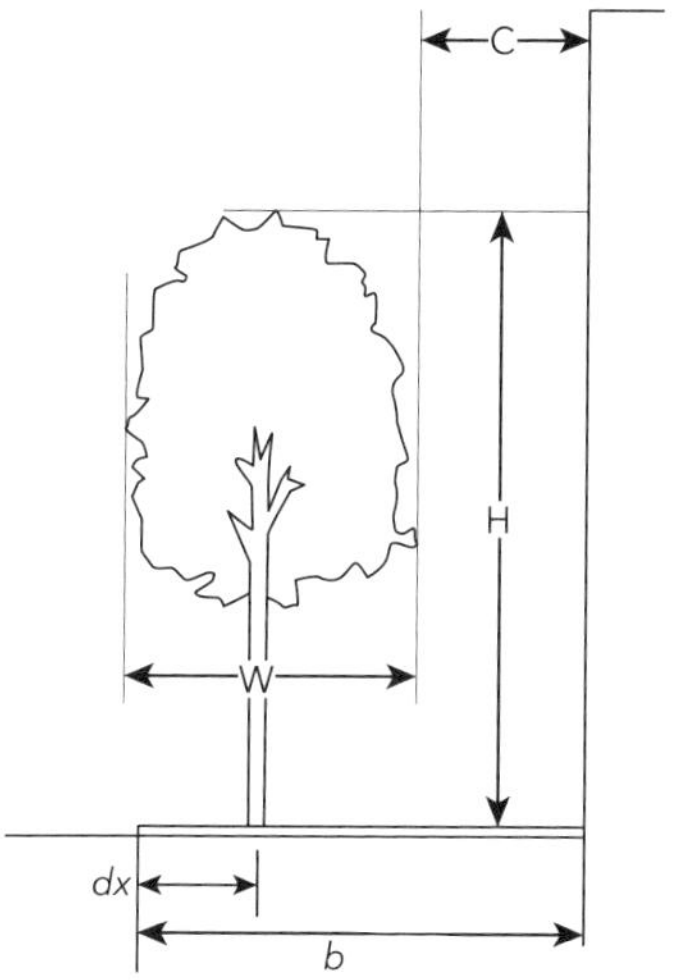

●**伸長可能な枝張り**

$$W = (b - dx - C) \times 2$$

●**望ましい樹高・枝張り比から求められる樹高**

$$H = W \div f$$

W：伸長可能な枝張り（Width）

H：望ましい樹高・枝張り比から求められる樹高（Height）

C：樹冠と建築物に必要な空間（Clearance）

dx：幹と歩車道境界の間隔（distance *x*）

b：歩道幅員（breadth）

f：望ましい樹高・枝張り比（fraction）

樹形タイプ区分	*f*：望ましい樹高・枝張り比（目安）
円錐型	0.3 ～ 0.4
卵円型	0.4 ～ 0.7
球型	0.5 ～ 0.7
盃型	0.5 ～ 0.7 1.0 ～（ソメイヨシノ）
枝垂れ型	0.7

IV–36　歩道幅員に基づいた「街路樹の管理目標樹形」
出典：日本造園建設業協会(2011)『街路樹剪定ハンドブック ── 美しい街路樹づくりに向けて　第３版』

制で求められるのは、明確な管理方針・剪定方法の提示と、適切な予算、的確な評価、そして、それらの継続性です。

痛みを感じない生き方へ

街路樹の担当者をはじめ、私たちすべてにとって重要なのは、私たちの木を見る目、その発想を大きく転換することです。私たちが街路樹に目を向け、その生育状態や剪定の仕方に関心をもたなければ、一部の方の苦情で、さらに木が強剪定されてしまいます。そうした強剪定に、自分では気づいていないと思っていても、私たちは無意識のうちにそれらに反応しストレスを感じているのです。心は木の痛みを感じ取っているということです。

私たちが思うよりも、あるいは、街路樹担当者・剪定士が想定する樹冠の輪郭よりも、木はもっと大きく伸びることができます。大きく枝を伸ばし、成長している木のもとを歩く姿をイメージしてみてください。ふだん歩いている景色、自分たちの街が、まったく違ったものになる可能性が、街路樹には詰まっているのです。温暖化と高層化によって、都市はますます暑くなりますし、大地震もいつ起きるかわかりません。街路樹は、ふだんは緑陰をもたらし、大地震のときには降り注ぐ破片や火炎、熱風から身を守る衝立てにもなってくれます。

そして、これらの効果はもちろん重要ですが、自然の少ない都市でともに生きる生き物として街路樹に目を向けると、心豊かなひと時を過ごすことができます。隣近所の方と木陰で立ち話をし、紅葉を楽しんで落ち葉掃除をすれば、知らず知らずのうちに地域社会の輪が広がり、いざというときの助け合いもスムーズになります。落ち葉を毛嫌いし、強剪定を強いるのは、自分自身の心を痛めながら、自然と社会に背を向けることです。

平安時代末に書かれたとされる『作庭記』には、石の「こはんにしたかひて」(「乞わんに従いて」)という記述があります。(8) 石の願いにしたがって石を据えるという意味ですが、石の意思を感じ取るほどに自然と一体的になっていた生活から生まれた表現だと思います。

実は、私たち自身の中にも自然と連動する「内なる自然」があるように思います。I章で述べた生理・心理的な無意識的反応です。強剪定された木を見て心痛むのは内なる自然の反応でもあります。木と自分自身の内なる自然の願いにしたがって、街路樹をのびのびと育ててゆく、痛みを感じない生き方が求められているのではないでしょうか。

(1) 国土交通省道路局「アスリート・観客にやさしい道の検討会」(二〇一六) 第4回配布資料「緑化の取組みについて」(九月二七日付)。

(2) 佐野新(二〇一〇)「ユリノキの花芽分化に関する形態学的研究」、千葉大学大学院園芸学研究科修士論文。
(3) 中央区立京橋図書館(一九八八)「郷土室だより」五九号。
(4) 注3に同じ。
(5) 注3に同じ。
(6) Ⅱ章の注1に同じ。
(7) 日本造園建設業協会(二〇一一)『街路樹剪定ハンドブック——美しい街路樹づくりに向けて　第三版』。
(8) 森蘊(一九八六)『「作庭記」の世界——平安朝の庭園美』、日本放送出版協会。

おわりに

都市のシンボルのひとつとなっている立派な街路樹がある一方、見過ごされ、あるいは虐待のような仕打ちを受けている街路樹が日本中に少なからずあることを、これまで説明してきました。

私は、今から四〇年ほど前、大学の助手になってすぐにユリノキやトウカエデの苗木を実験圃場《ほじょう》に植え、すべての枝の長さを毎年測って樹木の成長の仕方を解析したことがあります。その後、研究室の専攻生の卒業論文や修士論文の研究で、剪定後の枝の伸び方や、枝の剪定が根に及ぼす影響などについて一緒に調べてきました。そうした研究結果に照らして、街路樹の剪定の仕方に疑問をもち始めたのは、もう二五年以上も前になります。そして、庭園調査や会議などで国内外の都市の街路樹を見て歩くうちに、必要以上に樹高や樹冠を抑制しているのは日本だけではないか、という認識をもつようになりました。まさに、韓国の文化大臣であった李御寧《イオリョン》さんが指摘する、日本人の「縮み志向」です(『「縮み」志向の日本人』、講談社学術文庫)。

しかし、強剪定や支柱で抉《えぐ》れた幹、根元を覆う舗装などは、以前から頻繁に見られたわけではありません。I章でも紹介した、昭和初期に日本に滞在したイギリス外交官の妻・キャサリン・サンソムさんの『東京に暮す――1928―1936』(岩波文庫)などが物語るように、少なくとも戦前までは、日本の人々に、街路樹を慈しみながら手入れする姿勢があったように思います。

また、樹形を自然的に抑制しながら、日差しや風通しを確保する「透かし剪定」は、日本庭園の長い歴史の中で培われてきた世界に稀な技術です。昭和初年の古写真(I章扉写真など)に見られた街路樹管理は、典型的な透かし剪定です。もちろん、こうやって透かし剪定された木には、上部に電線があって樹高を抑えなければならない事情があったわけで、電線がない街路樹は、そのままのびのびと育てられていました。

そうした街路樹が、戦後の経済成長・車社会化のなかで、通行を妨げる、見通しを悪くする等の理由で強く切り詰められるようになりました。関東大震災の復興事業で整備された四列並木は二列になり、交差点広場や橋詰広場が縮減されたのです。一本一本の街路樹も、のびのびと広がっていた枝が切り詰められ、コンパクトに抑制されるようになりました。さらに、落ち葉問題によって、抑制剪定の傾向に拍車がかかったように思います。落ち葉に苦情が多く出るようになった理由は様々考えられますが、やはり、町内会、商店会をはじめ、地域社会の変化は大きいとみています。現に、大きな樹冠が維持されている通りには、しっかりとした地域社会や熱意あるグループがあります。

また、街路樹担当者(道路管理者)が明確な方針をもって、街路樹本来の機能を維持しようとしている自治体には、亭々《ていてい》と枝葉を広げた美しい街路樹が見られます。しかし、よく練られた街路樹標準管理仕様書があり、予算的に恵まれた自治体でも、不要な抑制剪定が横行しているところが少なからずあります。Ⅳ章で検証してきたように、二〇二〇年夏開催の東京五輪に向けた暑さ対策として、東京都では樹冠拡大計画が進められていますが、さらに緑陰を広げることができるにもかかわらず、コンパクトな樹冠に留まってしまっています。

街路樹がのびのびとしていた昭和初年に比べて、都市化、また都市の高層化も進んでヒートアイランド現象は激化しています。熱中症で亡くなる方が急増し、健康な人でも、夏の炎天下の市街地で感じる暑さは耐えがたいものです。こうした都市環境でいま求められているのは街路樹の樹高を高くし、樹冠をできるかぎり広げることではないでしょうか。もちろん、そのためには根がしっかりと展開できる土壌、さらに大きな樹冠を維持する技術も求められます。

そのためには、私たち一人ひとりが街路樹に目を向け、幹や枝葉、根張りが発しているメッセージに耳を傾け、自然が少ない都市環境のなかで「砦」のように頑張っている街路樹に気づかなければなりません。そうしなければ、わずかな人々の苦情によって、直ちに街路樹担当者が強剪定せざるを得なくなるような状況は変えられません。そして、大きな責任を負っている担当者が、街路樹本来の機能を発揮できる管理を行なえるように、市民要望への対応を含めた街路樹管理指針・要綱の整備など、大きな街路樹を育む新たなシステムをつくる必要があるのです。

最後に、本文中で取り上げた多くの街路樹は、二〇年以上前から国内外の街路樹を見て歩き、また街路樹に関する講演で訪れた多くの都市の街路樹関係者と一緒に見て歩いた実態です。また、街路樹の枝や根の伸び方や機能に関わる多くの調査・実験は、筆者が三七年勤めた研究室の博士論文や修士論文、卒業論文の一部になっているものも少なくありません。紙幅に限りがあり、お名前を挙げることができませんが、関係する方々に深く御礼申し上げます。

さらに、本文中で述べた街路樹の実態や調査・実験結果は、多くの専門誌に掲載されてきたのですが、内容が硬く一般の方々には読みにくいと思います。それらに比べてこの本が読みやすくなっていましたら、それはひとえに岩波書店の堀由貴子さんに負っています。マラソンコースの一部を一緒に歩き、何度も原稿に目を通して下さり、一般の方々の目線から様々な質問と的確な指摘を数多く寄せて下さいました。記して深く御礼申し上げます。

この本を契機にして、一人でも多くの方が街路樹に目を向け、日本の街路樹管理が見直され、多くの都市が見違えるように変わるきっかけになれば、と願っております。

二〇一九年三月

藤井英二郎

図版提供一覧

口　絵

定禅寺通り(宮城県仙台市)のケヤキ街路樹　　提供：アフロ
行幸通り(東京都中央区・イチョウ)　　所蔵：公益財団法人東京都公園協会
表参道(東京都港区・ケヤキ)　　所蔵：公益財団法人東京都公園協会
紀の坂通り(東京都新宿区)のプラタナスの夏期剪定　昭和初期　　所蔵：公益財団法人東京都公園協会
日本大通り(神奈川県横浜市)　　提供：一般社団法人日本造園建設業協会神奈川県支部(かながわ街路樹フォトコンテスト第6回より)
カフェテラスのある街路樹(神奈川県横浜市)　　提供：一般社団法人日本造園建設業協会神奈川県支部(かながわ街路樹フォトコンテスト第4回より)
日本大通りを走る自転車(神奈川県横浜市)　　提供：一般社団法人日本造園建設業協会神奈川県支部(かながわ街路樹フォトコンテスト第8回より)
落ち葉拾いをするボランティア(神奈川県横浜市)　　提供：一般社団法人日本造園建設業協会神奈川県支部(かながわ街路樹フォトコンテスト第5回より)
雪景色の桜並木(神奈川県小田原市)　　提供：一般社団法人　日本造園建設業協会神奈川県支部(かながわ街路樹フォトコンテスト第7回より)
横浜マラソン(2009年11月)　　提供：一般社団法人日本造園建設業協会神奈川県支部(かながわ街路樹フォトコンテスト第3回より)

本　文

I章扉　プラタナスの剪定　　所蔵：公益財団法人東京都公園協会
I-2　日本最初の近代街路樹　　所蔵：神奈川県立歴史博物館
I-3　東京名所図会　銀座通　　写真提供：中央区立京橋図書館
I-6上　八重洲通り　　所蔵：公益財団法人東京都公園協会
I-7　橋詰広場のヒマラヤスギ　　所蔵：公益財団法人東京都公園協会
I-8　隅田公園・本所側　　所蔵：公益財団法人東京都公園協会
I-9　隅田公園・本所側　　所蔵：公益財団法人東京都公園協会
I-10　隅田公園・本所側　　所蔵：公益財団法人東京都公園協会
I-11　隅田公園平面図　　所蔵：公益財団法人東京都公園協会
I-19　映画『第三の男』より　　提供：Album／アフロ
I-20　ユリノキの剪定　　所蔵：公益財団法人東京都公園協会
IV-16　プラタナス街路樹の樹冠　　提供：建通新聞社・栗田涼氏
IV-34　関東大震災後の復興街路に見られた交通島　　所蔵：公益財団法人東京都公園協会

上記以外すべて撮影著者

藤井英二郎

1951年生まれ．千葉大学名誉教授．専門は環境植栽学，庭園学．

1974年千葉大学園芸学部造園学科卒業，1979年筑波大学大学院農学研究科農林学専攻修了．1988年「農村空間の構造と特性に関する緑地学的研究」で日本造園学会賞受賞．千葉大学園芸学部助手，助教授を経て2004〜2016年まで千葉大学教授．在職中，造園樹木の樹形・根系の研究，植栽の認知科学的研究，庭園の史的考察を並行して進めてきた．

著書に『見る庭と触れる庭──日本人の緑地観』(淡交社)，『造園実務必携』(共編著，朝倉書店)，翻訳書に『樹木からのメッセージ』(共訳，誠文堂新光社)など．

街路樹が都市をつくる
──東京五輪マラソンコースを歩いて

2019年4月24日　第1刷発行

著　者　藤井英二郎《ふじいえいじろう》

発行者　岡本　厚

発行所　株式会社　岩波書店
〒101-8002　東京都千代田区一ツ橋2-5-5
電話案内　03-5210-4000
https://www.iwanami.co.jp/

印刷・精興社　製本・牧製本

ISBN 978-4-00-061337-8　　Printed in Japan